AF202681

Paul Ferrini

MIT HERZ
UND SEELE
ICH

КОНА KOMPAKT

Paul Ferrini

MIT HERZ UND SEELE ICH

Leitfaden zu unserem wahren Selbst

*W*irklich glücklich zu sein
bedeutet,
unser wahres Selbst
anzunehmen,
indem wir unsere Begabungen
entwickeln
und sie der Welt
schenken.

Echtes Glück
und emotionale Heilung

Jeder von uns kann heil werden und echtes Glück erfahren. Doch dafür müssen wir bereit sein, unsere Masken abzunehmen und unserem Schmerz unmittelbar zu begegnen. Wir müssen uns diesem Schmerz stellen und beginnen, unsere Kindheitswunden zu heilen. Solange das Kind in uns sein Trauma nicht geheilt hat, kann der Erwachsene nicht wirklich glücklich sein. Emotionale Heilung und echte Glückserfahrung gehen Hand in Hand.

Wenn wir von echtem Glücklichsein sprechen, meinen wir damit nicht »vorgetäuschtes« oder »unechtes« Glück. Wir meinen nicht das scheinbare Glück, das uns in TV-Serien vorgegaukelt wird, oder jenen übermäßig idealisierten Glückszustand, den wir von Plakatwänden oder von der Fernsehwerbung her kennen. So etwas gibt es nirgends. Das ist ein Märchen.

Mit echtem Glück meinen wir die Fähigkeit, uns selbst treu zu sein, liebevoll mit anderen umzugehen und in der Lage zu sein, die Höhen und Tiefen des Lebens mit Akzeptanz und Mitgefühl zu meistern. Echtes Glück finden wir vor allem in diesen zwei Bereichen: in der Beziehung zu uns selbst und in unseren Beziehungen zu anderen.

Ein wahrhaft glücklicher Mensch weiß oder lernt …

1. sich selbst zu akzeptieren, zu fördern und zu lieben;
2. ehrlich und authentisch zu leben;
3. seine eigenen Entscheidungen zu treffen und die Verantwortung dafür zu übernehmen;

4. seine Gaben und Talente zu entwickeln und zu seiner Passion und seinem Lebenszweck zu finden;
5. sich darin zu üben, der Welt mit offenem Geist und Herzen zu begegnen.

Ein wahrhaft glücklicher Mensch weiß oder lernt ...
1. andere zu lieben und zu akzeptieren;
2. deren Einzigartigkeit anzuerkennen und sie dazu zu ermutigen, sich selbst treu zu sein;
3. sie darin zu bestärken, ihre eigenen Entscheidungen zu treffen und die Verantwortung dafür zu übernehmen;
4. sie darin zu unterstützen, ihre Talente zu entwickeln, Zugang zu ihrer eigenen Kraft zu haben und ihren Lebenszweck zu erfüllen;
5. sie dazu zu ermutigen, der Welt mit offenem Geist und Herzen zu begegnen; das tun wir nicht durch Predigen, sondern indem wir diese Eigenschaften vorleben.

Ein wahrhaft glücklicher Mensch hat folgende Eigenschaften:
1. Er geht mitfühlend mit sich und anderen um.
2. Er ist in der Lage, zu vergeben, und lernt sowohl aus seinen eigenen Fehlern als auch aus denen anderer.
3. Er bringt Geduld für den Heilungs- und Transformationsprozess auf.
4. Er hat eine positive Einstellung zum Leben und die Fähigkeit, Hindernisse als Herausforderungen zu begreifen.
5. Er glaubt an das grundlegend Gute in allen Wesen und daran, dass sie es wert sind, geliebt zu sein.

Ein wahrhaft glücklicher Mensch lebt in *rechter Beziehung* zu sich selbst und anderen und sorgt für ein rechtes Auskommen, indem er seine Gaben auf eine Weise zum Ausdruck bringt, die ihm selbst und anderen Freude bringt. Das sind somit die Ziele der Arbeit, die wir »Heile dein Leben« nennen.

Was du heilst oder transformierst

Um Raum für etwas Neues zu schaffen, musst du bereit sein, etwas anderes loszulassen, das du nicht mehr brauchst. Es gibt viele Ausdrucksformen des Selbstbetrugs. Diese Verhaltensweisen musst du aufgeben, wenn du heilen und in deine Kraft kommen möchtest. Ich nenne hier einige der Veränderungen, die sich in deinem Leben ereignen werden, wenn du dich auf deinen emotionalen Heilungsprozess einlässt.

Was du aufzugeben bzw. loszulassen lernst:

Selbstverurteilung / Selbstverdammung

Schuldgefühle / Gefühl der Wertlosigkeit

Nicht gesehen oder gehört zu werden

Isolation und emotionale Abkopplung

Deine Kraft an andere abzugeben

Andere zu beschuldigen

Andere zu verurteilen

Deine Angst zu verdrängen oder vor ihr zu flüchten

Anderen gefallen zu wollen

Andere zu kontrollieren

Dich missbrauchen oder vereinnahmen zu lassen

Für andere zu arbeiten

Deine Gaben zu ignorieren oder zu verunglimpfen

Vor der Liebe davonzulaufen

Andere anzugreifen

Dich schuldig zu fühlen bzw. dich anzugreifen

Perfektionismus

Suchtverhalten

Mangelndes Selbstbewusstsein / Versagen

Negativität

Du ersetzt es durch:

Selbstakzeptanz / Liebe

Unschuld / Selbstwert

Die Erlaubnis, gesehen und gehört zu werden

Emotionale Verbundenheit

In deine Kraft zu kommen und deinen Lebenszweck
zu erfüllen

Verantwortung zu übernehmen

Zu erkennen, was dich leicht auf die Palme bringt,
und die zugrunde liegende Verletzung wahrzunehmen

Deiner Angst mit Mitgefühl zu begegnen

Dich selbst wertzuschätzen

Anderen die Erlaubnis zu geben, sie selbst zu sein

Nein zu sagen und Grenzen zu setzen

Mit anderen zu arbeiten

Auf deine Gaben zu vertrauen und sie
zum Ausdruck zu bringen

Dir deine Angst vor Nähe einzugestehen

Dir deine Wut einzugestehen und sie
nicht auf andere zu projizieren

Dir zu vergeben und freundlich zu dir zu sein

Realistische Erwartungen dir selbst und
anderen gegenüber zu haben

Dich der Verletzung dahinter zu stellen

Kleine Schritte zu gehen / den Druck aus
der Situation zu nehmen

Eine positive Lebenseinstellung zu pflegen

Drei Voraussetzungen für die Heilungsarbeit, die wir »Mit Herz und Seele ich« nennen

Um heil werden zu können, musst du bereit sein, dich deinem Leben zu stellen. Du kannst nicht vor dir oder anderen weglaufen. Du kannst dich nicht in eine Höhle verkriechen oder in Luft auflösen. Du kannst nicht an der Einstellung festhalten, dass dein Glück in den Händen anderer liegt. Das tut es nicht. Es gibt nur einen Menschen, der dein Glück – oder den Mangel daran – lenkt, und das bist du. Um heil zu werden und glücklich zu sein, musst du dich dem Leben stellen und Verantwortung übernehmen für das, was du denkst, fühlst, sagst oder tust. Du kannst niemanden für dein Leid verantwortlich

machen. Schuldzuweisungen halten dich nur in deiner Opferhaltung gefangen. Sie machen einen Großteil dessen aus, was
losgelassen werden muss.

**Drei Dinge musst du tun, um heil zu werden und glücklich
zu sein:**

1. Stelle dich deinem Leben. (Hör auf, zu flüchten.)
2. Übernimm Verantwortung für deine Gedanken, Gefühle
   und Handlungen. (Hör auf, andere zu beschuldigen.)
3. Hör auf zu glauben, dass andere dich glücklich machen
   könnten. (Das können sie nicht.)

*Schreibe bitte einige Verhaltensweisen auf, die du bisher
als Fluchtmöglichkeiten genutzt hast, indem du andere be-
schuldigt hast oder nach der Erfüllung deines Glücks bei anderen suchtest.*
Bist du jetzt bereit, deinen Teil zu tun, indem du Verantwortung übernimmst, damit das Glück von innen heraus entstehen kann?

Die Lernschritte im Heilungsprozess

1. Du nimmst deine Maske ab und teilst dich anderen ehrlich mit.
2. Du gestehst dir den Schmerz ein, der hinter deiner Maske
   schwelt.

3. Du erkennst die Verbindung zwischen deinem Schmerz, deiner Ursprungswunde, deiner Grundüberzeugung und den Reaktionsmustern, die dich seit deiner Kindheit begleiten.

4. Du erkennst die Verhaltensmuster, mit denen du dich selbst verrätst und missbrauchst – einschließlich aller Verhaltensweisen, die dich zum Täter oder zum Opfer werden ließen.

5. Du hörst auf, dich selbst oder andere zu betrügen, und findest zu deiner Kraft und deinem Lebenszweck, indem du deine Gaben in der Welt zum Ausdruck bringst.

Widme dich dieser Reise mit ganzer Kraft

Damit Glück von innen heraus entstehen kann, bedarf es einiger Neuprogrammierungen. Die Verbindungen zwischen Geist und Körper müssen neu verdrahtet werden. Die Synapsen müssen lernen, sich auf eine andere Weise zu verbinden. All das braucht Zeit, Geduld und Hingabe, mit der du dich auf deine Heilungsreise begibst. Hier gilt es, in kleinen Schritten voranzugehen und die kleinen Erfolge zu feiern. Es ist ein allmählicher Prozess. Er kann nicht beschleunigt werden. Du kannst keine Schritte überspringen. Wie eine Schildkröte musst du dich langsam, in gleichmäßigen Schritten voranbewegen. Damit ist gewährleistet, dass du geerdet und auf das Ziel ausgerichtet bleibst und in der Lage bist, die neuen Energien, die in dein Leben kommen, zu integrieren.

Denke einmal darüber nach, wie viel Geduld und Entschlossenheit du für einen Transformationsprozess aufbringst, der nicht von heute auf morgen Ergebnisse bringt. *Schreibe deine Gedanken in dein Tagebuch.* Kannst du dich Tag für Tag darauf einlassen? Kannst du dich damit zufriedengeben, kleine Schritte und die täglichen Übungen zu machen, die erst im weiteren Verlauf zu Erkenntnissen und Durchbrüchen führen werden, oder bestehst du darauf, unmittelbar Ergebnisse zu erzielen?

Nimm deine Maske ab

Alle tun gern so, als wären sie glücklich, obwohl sie es nicht sind. Wir tun alle so, als würde nichts wehtun, obwohl es der Fall ist. Wir täuschen oder verleugnen auf unterschiedliche Weisen, indem wir eine Maske aufsetzen, hinter der wir unseren Schmerz verbergen. Wenn wir eine glückliche Maske oder ein glückliches Lächeln aufsetzen, ist unser Glück gekünstelt und unser Schmerz nur verdrängt oder verschleiert.
Wenn du heil werden möchtest, kannst du deinen Schmerz nicht verleugnen. Du musst lernen, dich durch ihn hindurch zu lieben.
Beschreibe deine Maske in deinem Tagebuch. Wie versteckst du deinen Schmerz vor dir selbst oder vor anderen?

Komm mit deinem Schmerz in Kontakt

Falls es dir schwerfällt, mit deinem Schmerz in Kontakt zu kommen, dann schau dir zunächst die Beziehungen an, in denen deine Knöpfe gedrückt werden. Wer und was provoziert dich? Was machst du, wenn du dich provoziert fühlst? Drückst du deinen Schmerz weg? Greifst du andere an? Verschließt du dich emotional und wirst für andere unzugänglich?

Schreibe in dein Tagebuch, wer und was deine Knöpfe drückt und was du tust, wenn das passiert.

Dringe zum Ursprung deines Schmerzes vor

Wenn du tief in dich gehst, wirst du erkennen, dass dein gegenwärtiger Schmerz seinen Ursprung in der Vergangenheit hat. Meistens geht er auf die Kindheit zurück. Möchtest du deine Verletzung heilen, dann musst du zu ihrem Ursprung finden – der Ursprungswunde – und sie verstehen und vergeben. Du wirst später noch weiter daran arbeiten. Fürs Erste nimm dir etwas Zeit, um dem Schmerz nachzugehen.

Notiere, welche Situationen in deinem Leben am schmerzhaftesten waren. Wann, wo und von wem hast du dich am tiefsten verletzt gefühlt? Schreibe alles auf, woran du dich diesbezüglich erinnerst.

Lies es anschließend noch einmal durch und schau, ob du darin ein sich wiederholendes Muster oder Thema erkennst. Kannst du den Zusammenhang herstellen?

Übernimm Verantwortung dafür, deinen Schmerz zu heilen

Jeder von uns erfährt Verurteilung, Kritik und Angriffe von anderen. Möglicherweise erleben wir auch Vertrauensbrüche und machen die Erfahrung, verlassen zu werden. All das müssen wir anschauen können, ohne unsere Energien dafür zu verwenden, andere zu beschuldigen. Das Ziel dieser Arbeit ist nicht, unsere Wut anderen gegenüber zu rechtfertigen, sie zu verurteilen oder zu bestrafen.

Ziel dieser Arbeit ist, unsere Wunden zu heilen, und um heilen zu können, müssen wir verstehen, dass andere uns verletzen, weil sie selbst verletzt wurden. Sie geben lediglich an uns weiter, was ihnen angetan wurde. Das entschuldigt ihr Verhalten nicht. Sie werden ihre Taten trotzdem wiedergutmachen müssen. Das wiederum ist jedoch Teil ihrer eigenen – nicht unserer – Reise.

Um heil werden zu können, musst du durch deine Schuldgefühle hindurchgehen und dir das, was geschehen ist, vergeben. Du musst dir klarmachen, dass du es nicht verdient hast, verletzt zu werden. Du warst und bist weder schlecht noch wertlos. Vielleicht fühlst du dich so, das ist aber nur der Fall, weil du dich schämst. Um heilen zu können, musst du die Bürde des Schamgefühls abwerfen, in die deine Verletzung eingebunden ist. Du musst den Schmerz fühlen und durch ihn hindurchgehen, um damit zu deiner Unschuld zurückzufinden.

Notiere in deinem Tagebuch, ob du andere oder dich selbst immer noch für das, was geschehen ist, beschuldigst. Inwieweit lässt du Scham und Schuld hinter dir, sodass du beginnen kannst, die Verantwortung für die Heilung deiner Wunde zu übernehmen?

Höre auf, deinen Schmerz zu »verarzten«

Manchmal fällt es uns schwer, Zugang zu unserem Schmerz zu bekommen, weil wir gelernt haben, ihn zuzupflastern. Sucht und Abhängigkeit entwickeln sich als Versuch, mit unseren Wunden leben zu können, ohne sie zu heilen. Es kann sein, dass wir Drogen- oder Alkoholmissbrauch betreiben, um dem Schmerz auszuweichen. Vielleicht versuchen wir, die Leere in unserem Herzen mit Essen, Sex oder Arbeit zu füllen. Das mag unseren Schmerz dämpfen oder uns von ihm ablenken, aber es führt nicht dazu, dass er geht. Je mehr wir unseren Schmerz ignorieren oder versuchen, ihn zum Verschwinden zu bringen, desto stärker wird er. Wie Magma, das in den Tiefen des Vulkans brodelt, wird unser Schmerz immer explosiver. Der Druck baut sich auf, bis der Schmerz ausbricht. Gerät unser Alkohol- oder Drogenkonsum außer Kontrolle, wird unsere Sucht zu einem Teil unseres Schmerzes, anstatt ein Wundpflaster zu sein. Damit sind wir an dem Punkt angekommen, an dem das Spiel vorbei ist und der Schmerz durch unsere Maske hindurch blutet. Wir haben die Kontrolle verloren, und andere sehen das.

Beschreibe in deinem Tagebuch, auf welche Weise du versucht hast, deinen Schmerz zu verarzten, um ihn nicht spüren zu müssen. Notiere, welche Süchte du hast und wie du damit umgegangen bist.

Abgesehen davon, dass es notwendig ist, Suchtverhalten zu behandeln: Kannst du erkennen, dass deine Abhängigkeit nur das Symptom für deinen Schmerz ist und nicht zwangsläufig sein Ursprung? Kennst du den Ursprung deines Schmerzes? Und weißt du, warum du Angst hast, dich ihm zu stellen?

Investiere in dein Leben

Bist du bereit, dich für dein Leben ins Zeug zu legen? Bist du bereit, an deiner emotionalen Heilung zu arbeiten und damit anzufangen, deine Gaben und Talente zu entwickeln? Willst du langfristig profitieren – oder möchtest du eine Schnellreparatur?

Kürzlich traf ich einen Direktor einer großen Hotelkette. Er war seit 35 Jahren im Geschäft. Er hatte als Tellerwäscher begonnen. Dann war er als Empfangsmitarbeiter tätig gewesen und hatte sich allmählich zum Geschäftsführer emporgearbeitet. Er sprach über seine Karriere mit einem Augenzwinkern. Er war stolz auf das, was er erreicht hatte, und das kann er auch wirklich sein.

Ich kenne jedoch viele Menschen, die sich zu gut dafür sind, eine Stelle als Tellerwäscher anzunehmen. Sie wollen gleich Geschäftsführer sein. Sie möchten die einzelnen Stufen überspringen. Menschen, die das versuchen, fallen oft auf die Nase. Sie scheitern wieder und wieder. Sie haben nicht gelernt, sich jeden Tag einzusetzen und die kleinen Dinge zu erledigen, die nötig sind, um ihr Ziel zu erreichen.

Wenn ich dich frage, ob du bereit bist, dich für dein Leben einzusetzen, spreche ich davon, was du heute und morgen und an jedem Tag des kommenden Monats zu tun bereit bist. Ich spreche nicht davon, was du in zwanzig Jahren machen wirst. *Schreibe in dein Tagebuch, wie viel du in dich investieren willst.*

Gib dein Opferbewusstsein auf

Manchen Menschen fällt es schwer, in ihrem Leben voranzukommen, weil sie ängstlich sind und ihre vergangenen Fehlschläge nicht vergessen können. Sie halten an ihrem negativen Denken fest und schauen nur darauf, was sie nicht können oder was nicht gelingen kann. Das Ergebnis ist, dass sie die Vergangenheit immer wiederholen.

Wir sind gut darin, Opfer und Beschwerdeführer zu sein. Wir sagen: »Ich treffe den Ball nicht«, bevor wir überhaupt auf dem Sportplatz erschienen sind, um den Schläger in die Hand zu nehmen. Unsere negative Erwartungshaltung und die mangelnde Bereitschaft, die notwendigen Schritte zu tun, um unser Leben zu verbessern, führen zu einer lähmenden Trägheit und Kraftlosigkeit. Indem wir in unserer Angst und den vermeintlichen Einschränkungen verharren, schaffen wir die Grundlage für immer weiteres Leiden.

Falls dir das Thema irgendwie bekannt vorkommt, ist es an der Zeit für eine echte Veränderung deiner Denkweise und deiner Art, mit dir umzugehen. Sage also von diesem Moment an weder zu dir selbst noch zu anderen, was du *nicht* kannst und *warum* du es nicht kannst. Das ist nur deine »Geschichte«. Sie stärkt dich nicht. Sie führt lediglich dazu, dass du in deinem Opferverhalten stecken bleibst. Sag vielmehr, was du kannst. Damit musst du beginnen.

Notiere in deinem Tagebuch, was du in deinem Leben verbessern kannst. Welche kleinen Schritte kannst du machen, um eine positivere Grundhaltung zu entwickeln und um die Gelegenheiten zu ergreifen, die sich dir präsentieren?

Entwickle eine positive Einstellung

»Ja!« zu sagen, wenn du es wirklich meinst, ist die kraftvollste Art, auf das Leben zuzugehen. Wenn jeder Ja sagt, können Berge versetzt werden und Wunder geschehen. Das habe ich immer wieder erlebt.

Dennoch legen wir oft jeglicher Unternehmung Hindernisse in den Weg. Wir sind in unser Ego verstrickt, kritisch und finden tausend Gründe, warum wir nicht Ja sagen können. Indem wir so handeln, verpassen wir Gelegenheiten, die frischen Wind in unser Leben bringen könnten.

Darum ist es so wichtig, eine positive Grundhaltung zu entwickeln. Damit ist nicht gemeint, dass wir vortäuschen, glücklich zu sein, oder dass wir unseren Schmerz verdrängen. Es bedeutet einfach, die guten Gelegenheiten zu erkennen, die auf uns zukommen.

Jeden Tag gibt es Chancen, zu wachsen, zu lernen und vorwärtszukommen. Das Universum hält viele Geschenke für uns bereit, wenn wir bereit sind, sie anzunehmen. Unsere Aufgabe besteht darin, empfänglich zu bleiben und weder unser Herz noch unsere Augen zu verschließen.

Du kannst an einem beliebigen Tag mit der positiven Gedankenkraft experimentieren, indem du Ja zu jeder Wachstumschance sagst, die sich dir bietet. Bleibe den ganzen Tag über mit Herz und Verstand offen. Wenn sich eine Tür öffnet, geh hindurch. *Schau, was dann passiert, und notiere es in deinem Tagebuch.*

Erkenne Negativität

Wir haben uns angewöhnt, das Leben durch eine negative Brille zu sehen, was dazu führt, dass wir die Dinge nicht klar und deutlich sehen. Falls du mir nicht glaubst, mach doch folgendes Experiment:

Schreibe dir einen Tag lang jedes Mal auf, wenn du sagst: »Ja, das kann ich«, oder: »Nein, ich kann das nicht ...«

Zeichne eine Mittellinie in deinem Tagebuch und notiere in der linken Spalte alle positiven, aufbauenden Aussagen oder Gedanken. Rechts schreibst du alle negativen, kritisierenden Worte oder Gedanken auf. Jedes Mal, wenn du Freude oder Dankbarkeit äußerst, trägst du es links ein. Sooft du Kritik übst oder dich beklagst, notierst du es auf der rechten Seite.

Sei bitte ehrlich; schummle nicht in die eine oder andere Richtung. Schau am Abend, auf welcher Seite mehr Einträge stehen. So bekommst du eine Vorstellung davon, wie negativ oder positiv deine Haltung ist.

Der Zweck dieser Übung besteht nicht darin, dich zu ermuntern, das Leben durch eine rosarote Brille zu sehen. Es ist nicht so gemeint, dass du nur die schönen Seiten des Lebens wahrnehmen und die dunklen ausblenden sollst. Damit würde die Übung nur zum anderen Extrem führen. Es geht darum, das Leben auf eine ausgewogenere Weise zu sehen, damit du die Gaben wertschätzen und dich den Herausforderungen stellen kannst, die auf deinem Weg liegen.

Ein Lackmustest für echte Heilung

Hier folgen 33 Fragen. Deine Antworten werden dir verraten, inwieweit du geheilt bist und wie glücklich du wirklich bist. Trage eine »5« neben der Frage ein, wenn du von ganzem Herzen »Ja!« dazu sagen kannst, und eine »1«, wenn du ganz klar und ohne Einschränkung »Nein!« sagst. Trage eine »4« ein, wenn die Antwort ein schwaches Ja ist, und eine »2« bei einem eher schwachen Nein (mehr Nein als Ja). Wenn du weder Ja noch Nein sagen kannst, trage eine »3« ein. Bitte beantworte diese Fragen ehrlich, sofern du ein zutreffendes Ergebnis haben möchtest.

..... 1.   Akzeptierst du dich vorbehaltlos und vollständig?

..... 2.   Weißt du, dass du vollkommen unschuldig bist und wert, geliebt zu sein? Übst du dich täglich darin, liebevoll und mitfühlend mit dir umzugehen?

..... 3.   Kannst du erkennen, dass andere genauso der Liebe wert sind wie du, und kannst du dich darin üben, anderen an jedem Tag mit Liebe und Mitgefühl zu begegnen?

..... 4.   Hast du dir deine Fehler oder Übertretungen – die großen ebenso wie die kleineren – vergeben, und hast du aus diesen Fehlern gelernt, sodass du sie nicht wiederholen wirst?

..... 5.   Hast du anderen deren Übergriffe – die großen und die kleineren – vergeben und aus diesen Situationen gelernt, damit du künftig nichts Derartiges mehr in dein Leben ziehst?

..... 6.   Bist du dir deiner Wut bewusst und in der Lage, sie zum Ausdruck zu bringen, ohne andere zu verurteilen oder anzugreifen?

..... 7.   Kritisierst du dich immer seltener und lernst du, bei deinen Wertungen über dich zunehmend mitfühlender zu sein?

..... 8.   Kritisierst du andere seltener und lernst du, bei deinen Urteilen über andere mitfühlender zu sein?

..... 9.   Stehst du liebevoll für dich ein und setzt du Grenzen gegenüber anderen, die dich auszunutzen oder zu kontrollieren versuchen?

..... 10. Übernimmst du konsequent die Verantwortung für deine Gedanken, Gefühle und Handlungen, und kommunizierst du mit anderen auf ehrliche Weise und ohne Vorwurfshaltung?

..... 11. Hast du Zugang zu deinen Gaben und Talenten, und setzt du sie aktiv in deinem Leben um?

..... 12. Hast du eine sinnvolle Aufgabe, die mit deinem Leben harmoniert und mit deinem Lebenszweck übereinstimmt?

..... 13. Bist du solvent? Lebst du deinen Einkünften entsprechend? Bist du zufrieden mit deinem Einkommen bzw. mit deinem Eigentum?

..... 14. Betätigst du dich kreativ/schöpferisch? Übst du regelmäßig eine Aktivität/ein Hobby aus, einfach aus Freude daran? Nimmst du dir Zeit, um zu spielen und Spaß zu haben?

..... 15. Nimmst du dir die Zeit, um den Duft der Rosen wahrzunehmen und dich an den kleinen Dingen im Leben zu erfreuen? Genießt du die Schönheit, die sich in deinem Leben und um dich herum offenbart?

..... 16. Verbringst du regelmäßig Zeit alleine, um dich mit deinem innersten Sein zu verbinden?

..... 17. Lebst du in einer stabilen Beziehung, in der Nähe und gegenseitiges Vertrauen immer stärker werden?

..... 18. Verbringst du immer wieder Mußestunden mit deinem Partner, und seid ihr ehrlich miteinander? (Falls du keine/n Partner/-in hast, beantworte diese und die beiden folgenden Fragen für deine letzte Beziehung!)

..... 19. Kannst du Verantwortung für deine Gefühle übernehmen, wenn dein Partner dich provoziert, und ihm mitteilen, dass du verletzt oder wütend bist, ohne ihn zu beschuldigen? Schafft ihr es, eure Trigger aufzuarbeiten und wieder Frieden zu schließen?

..... 20. Bist du in der Lage, deine Kinder zu akzeptieren und sie liebevoll anzuleiten, ohne sie kritisieren oder kontrollieren zu müssen? Falls du keine Kinder hast, bewerte diese Frage bitte mit »3«.

..... 21. Herrscht Frieden zwischen dir und deinen Eltern? Kannst du ihren Schmerz und ihr Trauma nachempfinden und hast du ihnen die Verletzungen vergeben, die sie dir vielleicht zugefügt haben?

..... 22. Gibt es etwas, das du für andere tust, oder sorgst du für andere, ohne eine Gegenleistung zu erwarten?

..... 23. Sorgst du gut für deinen Körper, mit einer ausgewogenen Ernährung, täglicher Bewegung und ausreichend erholsamem Schlaf?

..... 24. Bist du frei von Süchten – mit anderen Worten: Kommst du ohne rezeptpflichtige Medikamente, Rauschgift, Alkohol oder andere Substanzen aus, die deine geistige Wachheit verringern bzw. beeinträchtigen?

..... 25. Bist du überwiegend frei von Sorgen, Ängsten, Paranoia? Hast du eine wirksame Methode gefunden, wie du physische, geistige oder emotionale Spannung auflösen oder entladen kannst, wenn du dich sehr gestresst fühlst?

..... 26. Hast du einen Weg gefunden, mit deinen Ängsten so umzugehen, dass sie dein Leben nicht beherrschen und dich davon abhalten, die guten Gelegenheiten zu erkennen, die sich dir bieten?

..... 27. Glaubst du an das grundsätzlich Gute im Menschen und weißt du, dass die große Mehrheit nicht bewusst versucht, anderen zu schaden?

..... 28. Fühlst du dich mit einer höheren Macht oder spirituellen Quelle verbunden, der du dich zuwenden kannst, um Liebe, Zustimmung und Unterstützung zu erhalten, wenn du sie brauchst?

..... 29. Hast du Freunde, denen du vertrauen kannst, die dich so akzeptieren, wie du bist, und dich dazu ermutigen, dir treu zu sein?

..... 30. Gibt es Familienmitglieder, denen du vertrauen kannst, die dich so akzeptieren, wie du bist, und dich ermutigen, dir treu zu sein?

..... 31. Bist du Teil einer unterstützenden spirituellen Familie, Gemeinschaft, Gruppe oder Gemeinde, in der du dich bedingungslos geliebt und akzeptiert fühlst?

..... 32. Wie schätzt du dein Leben ein: Bist du einigermaßen erfüllt? Wenn dies dein letzter Tag auf dem Planeten wäre: Würdest du das Gefühl haben, dass dein Leben bedeutungsvoll war und du einen positiven Beitrag für die Welt geleistet hast, in der du lebst?

..... 33. Hast du das Gefühl, die Lektionen deiner Verkörperung gelernt zu haben, und tust du das, weswegen du hier bist?

..... Gesamtpunktzahl

Auswertung:

Addiere alle Zahlen. Die höchstmögliche Punktzahl ist 165.
• Wer zwischen 132 und 165 Punkte erreicht, ist in hohem Maße geheilt und glücklich mit seinem Leben. • Mit einer Punktzahl von 99 bis 132 Punkten ist man einigermaßen geheilt und glücklich. • Eine Punktzahl zwischen 66 und 99 Punkten weist darauf hin, dass man überwiegend verletzt und unglücklich ist. • Und mit einer Punktzahl zwischen 33 und 66 Punkten ist man sehr verletzt und unglücklich.

Ziel dieser Übung ist nicht, eine möglichst hohe Punktzahl zu erreichen, sondern ein möglichst genaues Ergebnis. Das heißt, dass du beim Beantworten der Fragen weder zu großzügig noch zu streng sein solltest. Doch wie objektiv du auch bist, das Ergebnis dieses Lackmus-Tests wird immer subjektiv sein, denn es spiegelt wider, wie du dich selbst siehst. Wenn du jemand bist, der seinen Schmerz verleugnet, könntest du eine unrealistisch hohe Punktzahl erreichen. Bist du dagegen mit deinem Schmerz identifiziert, könnte dein Ergebnis unrealistisch niedrig ausfallen.

Nur du kannst wissen, wie genau dein Ergebnis ist und was du daraus lernen kannst. Schau dir dazu noch einmal die Fragen an, bei denen du dir einen oder zwei Punkte gegeben hast. Das sind die Bereiche in deinem Leben, in denen eine Verbesserung möglich ist. Eine Verbesserung könnte im Erlernen neuer Fähigkeiten bestehen oder im Entwickeln einer positiveren Lebenseinstellung oder in beidem.

Nimm dir nun etwas Zeit, um in dein Tagebuch zu schreiben, welche Verbesserungen in welchen Bereichen deines Lebens möglich sind.

Dem Wesenskern, dem falschen Selbst und dem *wahren Selbst* begegnen

Radikale Selbstakzeptanz

Die meisten Menschen wissen nicht einmal ansatzweise, was radikale Selbstakzeptanz bedeutet. Wahrscheinlich deshalb, weil wir keine Ahnung haben, wer wir wirklich sind. Wir kennen unser falsches Selbst, nicht aber unser *wahres Selbst*. Das *wahre Selbst* ist kein Opfer und kann es auch niemals sein. Um dem *wahren Selbst* zu begegnen, müssen wir unser altes Selbstbild hinter uns lassen – das, was wir zu sein glauben –

und alle Begründungen für unsere Überzeugung, nicht glücklich sein zu können, loslassen. Nichts davon ist wahr; es sorgt nur dafür, dass wir im Leiden gefangen bleiben.

Bitte beschreibe in deinem Tagebuch, welche deiner Masken und Geschichten du aufgeben musst, um deinem wahren Selbst begegnen zu können.

Verbinde dich mit deinem Wesenskern

Mit »Wesenskern« ist unsere Essenz gemeint, das, was wir im tiefsten Innern sind. Er schließt alle Begabungen und Talente ein, die wir als Potenzial in uns tragen. Er macht uns einzigartig. Er ist die Blaupause, mit der wir zur Welt gekommen sind. Jeder hat einen Wesenskern, etwas, das manchmal auch »höheres Selbst« genannt wird, zu dem viele aber keinen Zugang haben. Der Grund dafür ist, dass wir diesem Selbst nur mit bedingungsloser Liebe und Annahme begegnen können. Schauen wir ohne die Augen der Liebe und Akzeptanz, dann werden wir es nicht erkennen. Wir werden das verletzte Selbst sehen. Dieses Selbst wächst mit bedingter Liebe auf – mit Liebe unter Vorbehalt – und lebt im Zustand der Angst.

Unser Wesenskern kann durch keine unserer Erfahrungen verletzt oder beschädigt werden, denn er ist in sich ganz und vollständig. Es fehlt ihm nichts. Nichts an ihm müsste verändert oder in Ordnung gebracht werden.

Wenn wir mit diesem innersten Sein verbunden sind, sind wir mit *allem, was ist,* verbunden. Wir leben in der Beziehung zu unserer Quelle oder höheren Macht. Wir ruhen in dem, der wir sind. Dieses Selbst ist unsere energetische Verbindung zur Liebe. Es verbindet uns im Herzen miteinander. Wenn wir in ihm ruhen, gibt es keine Trennung, keine getrennten Körper oder Pläne. Dort gibt es nur unendliche, grenzenlose Liebe.

Dieser Wesenskern ist vorhanden, auch wenn wir ihm noch nicht begegnet sind. Er kann weder zerstört noch kann er uns genommen werden, wohl aber kann er verdeckt sein oder ignoriert werden. Und es ist möglich, dass der eine oder andere sehr lange brauchen wird, um diese Verschleierungen zu beseitigen und seinem Wesenskern zu begegnen.

Schreibe in deinem Tagebuch auf, welche Erfahrung du mit deinem wahren *und* innersten Selbst *hast. Wann hast du die Verbindung zu deiner Essenz am intensivsten gespürt?*

Praktizierst du bestimmte spirituelle Techniken, die dir helfen, dich täglich mit deinem innersten Wesen zu verbinden?

Meditation:
Das Licht des *wahren Selbst*

Du verbindest dich mit der Gegenwart der Liebe, indem du dein Leben grundlegend und bedingungslos annimmst, wie es ist, und dankbar bist für alle Gaben, die du empfangen hast.

Du verbindest dich mit der Liebe, indem du Verantwortung dafür übernimmst, deinen Erfahrungen mit Liebe zu begegnen.

Während du lernst, deine Erfahrungen anzunehmen und zu segnen, beginnst du, die Gegenwart der Liebe als eine fühlbare Schwingung und Wärme in deinem Herzzentrum wahrzunehmen. Weil du deine Urteile über dich und andere loslässt, entdeckst du, dass die Schwingung der Liebe stärker wird und sich von deinem Herzen auf die Herzen anderer ausdehnt.

Beginne damit, dich mit deinem wahren und inneren Wesenskern zu verbinden, indem du die Augen schließt und tief in dein Herz atmest. Du kannst eine Hand auf dein Herz legen, um es besser zu spüren.

Während du ein- und ausatmest, erlaube den Muskeln in deinem Brustkorb, sich zu entspannen. Lass diesen Bereich weich werden, damit du offen bist, um Liebe zu empfangen.

Erinnere dich, dass du in diesem Augenblick vollkommen der Liebe wert bist. Du kannst dich so annehmen, wie du bist. Du kannst dir hier und jetzt Liebe geben.

Wenn du spürst, dass du dich für die Gegenwart der Liebe öffnest, nimmst du zunehmend eine warme Energie wahr, eine Schwingung in deinem Herzen, und kannst dieser Energie erlauben, sich von deinem Herzen bis in die Schultern und die Arme auszudehnen. Du fühlst, wie diese Energie durch deine Ellbogen und Handgelenke bis in deine Handflächen und Fingerspitzen fließt.

Jetzt erlaube dieser Energie, vom Herzen zum Solarplexus zu fließen …, zum Nabel …, zu den Hüften und ins Becken …, durch deine Beine …, deine Knie, die Knöchel, durch deine Fußsohlen und deine Zehen.

Fühle, wie die Energie vom Herzen ausgehend durch deine Arme und Beine strömt.

Fühle, wie du mit dem Untergrund verbunden bist und wie die Erde dich trägt.

Lass die Energie zum Herzen zurückströmen …, danach langsam in deine Kehle aufsteigen …, in deinen Kiefer …, in dein drittes Auge … und lass sie schließlich über deinen Scheitel nach außen fließen.

Fühle, wie die Energie dich ganz und gar erfüllt und so intensiv wird, dass sie durch die Haut, die Kopfhaut, die Hände und Füße nach außen dringen möchte. Und du kannst zulassen, dass sie sich nach außen ausdehnt und alle Menschen einhüllt, die Teil deines Lebens sind: deine Kinder, deine Eltern, deinen Partner, deine Freunde und alle anderen, die ihr Leben mit dir teilen.

Lass allen Menschen in deinem Leben die gleiche Anerkennung und Liebe zufließen, die du für dich empfindest. Nimm wahr, wie du eine energetische Herz-zu-Herz-Verbindung mit jedem Menschen entstehen lässt und dies einen Kreis der Liebe und Anerkennung bildet. Deine Liebesenergie segnet dich und jeden in deinem Kreis.

Lass diesen Kreis der Liebe sich unendlich ausdehnen. Jeder, der in ihn eintreten möchte, kann in diesen Kreis hereinkommen. Du kannst fühlen, wie deine Liebe für dein Selbst alle Menschen einbezieht. Alle sind willkommen.

Verweile jetzt eine Zeit in der Stille und erlaube deinem Herzen, mit dieser Energie zu schwingen. Du lässt die Liebe in dein Herz hinein und aus ihm heraus fließen, sich mit deinem *innersten Selbst* und dem *innersten Selbst* anderer verbinden, um bedingungslose Liebe zu geben und zu empfangen.

Führe diese Meditation so oft wie möglich durch. Es tut gut, den Tag damit zu beginnen und/oder sie vor dem Schlafengehen durchzuführen. Diese Meditation hilft dir, dich mit der Liebe zu verbinden und in Dankbarkeit zu leben.

Indem deine Erfahrung mit dieser Meditation sich vertieft, wirst du die Liebe zunehmend als eine greifbare energetische Realität erleben. Sie beginnt in deinem Herzen und erweitert sich unendlich nach außen. So erscheint das Licht in der Dunkelheit. Die Flamme muss von innen her angezündet werden. Jeder Mensch muss sich mit dem Licht und der Liebe innerhalb seines Bewusstseins verbinden. Jeder muss sich seines Wesens bewusst werden und es aus seinem Herzensgrund bejahen, ohne es infrage zu stellen: Wenn uns das gelingt, können wir aus der Dunkelheit hervorkommen, indem wir das Licht halten. Das bedeutet es, ein Lichtträger zu sein. Es bedeutet, dass du gelernt hast, deiner Angst mit Milde zu begegnen und allen verletzten Bereichen in dir Liebe entgegenzubringen.

Wenn es nichts mehr gibt, das du nicht bereit wärst zu lieben und anzunehmen, wird dein *wahres* und *innerstes Selbst* in all seiner Herrlichkeit leuchten. Dann wirst du das Licht nicht nur tragen – du wirst zum Licht werden.

Die Meditationen dieses Buches sind unter www.ferrini.momanda.de als MP3-Datei erhältlich.

Diese Meditation kannst du auch vertont, mit sanfter Musik im Hintergrund downloaden, um sie dir immer wieder anzuhören, noch tiefer zu entspannen und in dein Innerstes zu sinken.

Im Anhang findest du Anleitungen für weitere Meditationen, die dir helfen, Zugang zu deiner Essenz zu gewinnen und der Liebe mehr Raum zu geben.

Das verletzte Selbst

Normalerweise ist der Wesenskern vom verletzten Selbst überschattet. Das liegt daran, dass wir alle viel Scham und Wertlosigkeit in uns spüren. Jeder lebt im Schatten seiner Verletzung.

Woher wissen wir, dass wir verletzt sind? Wir wissen es, weil wir Wut im Bauch haben. Wir fühlen uns schlechter oder besser als andere. Wir verurteilen andere, greifen sie an oder beschuldigen uns selbst. Wir werden von Trauer, Eifersucht oder Minderwertigkeitsgefühlen überwältigt. In unseren Beziehungen werden unsere wunden Punkte getriggert. Unser Verhalten ist reaktiv. Wir bekämpfen andere oder laufen vor ihnen weg. Dass wir verletzt sind, erkennen wir daran, dass eine Menge Angst hochkommt und wir nicht wissen, wie wir diese Angst mitfühlend annehmen können. Wir wissen nicht, wie wir mit unserer Angst oder der Angst anderer umgehen sollen.

Wir wissen, dass wir verletzt sind, weil wir weder Frieden in unserem Herzen noch in unseren Beziehungen finden. Darüber hinaus haben wir vielleicht Erinnerungen an traumatische Ereignisse, die unser Leben verändert haben, zum Beispiel eine Vergewaltigung, Inzest, physische Misshandlung, der Tod eines Elternteils oder eine andere Erfahrung des Verlassenwerdens oder ein Vertrauensbruch.

Viele der Übungen in diesem Buch werden dir helfen, mit deinen Verletzungen in Kontakt zu kommen.

Beginne damit, dir alle Bereiche aufzuschreiben, die dir zeigen, wo dein Selbst verletzt ist.

Schatten und Persona

Weil wir unseren Schmerz verdrängen, ist ein Teil unserer Erfahrung – und der damit verbundenen Gefühle – unterdrückt und verschüttet. Die Psyche ist gespalten: Der Teil, den wir weder sehen noch fühlen wollen, wird *Schatten* genannt, und den Teil, den wir akzeptieren, nennen wir *Persona*.

Der Schatten schließt alle frühen Kindheitserinnerungen ein, die für uns zu traumatisch waren, als dass wir sie bewusst hätten verarbeiten können. Er umfasst all Ängste und Dämonen, die unser Leben auf der unbewussten Ebene bestimmen.

Die Persona ist der Aspekt des Selbst, mit dem wir uns wohlfühlen und den wir andere sehen lassen. Wir bemühen uns, unsere Persönlichkeit (unsere Maske) zu entwickeln, um die Anerkennung und Zustimmung zu erhalten, die wir von anderen bekommen möchten. Wir nehmen an, dass uns andere attraktiver, wertvoller und liebenswerter finden, wenn wir unseren Schmerz verstecken.

Jeder hat sowohl einen Schatten als auch eine Persona. Der Schatten ist der »schlechte« oder »dunkle« Teil in uns, die Persona der »gute« oder »lichte« Teil. Aber in Wirklichkeit sind wir weder der Schatten noch die Persona. Beide sind Verzerrungen unseres Selbst. Erst wenn beide integriert wurden und die Psyche zur Ganzheit zurückkehrt, erlangen wir eine realistische Einschätzung davon, wer wir sind.

Beschreibe deinen Schatten und deine Persönlichkeit in deinem Tagebuch. Vielleicht hilft es dir auch, sie zu zeichnen oder eine Collage mit Bildern aus Zeitschriften und Zeitungen herzustellen, die dich an deinen Schatten oder deine Maske/Persona erinnern.

Die Maske, die den Schmerz verdeckt

Der Wunsch nach Akzeptanz und Anerkennung von anderen lässt manche höchst raffinierte Masken ersinnen. Sie liegen so eng an, dass wir kaum atmen können. Dennoch wird die Maske letzten Endes Risse bekommen oder fadenscheinig werden, wie gut sie auch gemacht ist. Verleugnung kann nicht ewig funktionieren. Irgendwann beginnt unsere Wunde durchzubluten. Die Tarnung funktioniert nicht mehr, und wir fühlen uns verängstigt und bloßgestellt. Es fällt nicht leicht, zuzugeben, dass es uns misslungen ist, hinter unserer Maske zu leben. Was uns dabei nicht bewusst ist, ist allerdings, dass jeder versagt. Alle Masken fallen ab. Die Wunde kann und muss offengelegt werden.

Es ist sonderbar, dass manche lieber sterben würden, als zugeben zu müssen, wie sehr sie verletzt sind. Daran erkennen wir, wie tief die Scham sitzt. Und es ist demzufolge sehr schwer, die Wahrheit zu sagen, wenn wir in einer Kultur der Verleugnung leben.

Diese emotionale Heilungsarbeit verlangt von dir, etwas sehr Mutiges zu tun: Du sollst deine Maske ablegen und mit deinem Schmerz und deiner Beschämung in Kontakt kommen. Von dir wird erwartet, dass du dir deine Verletzung eingestehst und ihr mit Liebe begegnest. Niemandem fällt es leicht, sich seinem Schmerz zu stellen, aber das ist die Tür zu echter Heilung und Transformation.

Bitte schreibe auf, welche Ängste du empfindest, wenn du deine Maske abnimmst und deinem Schmerz ins Auge siehst. In welchen Lebensbereichen hast du erfolgreich deine Maske abgelegt? In welchen Bereichen ist sie noch intakt?

Das falsche Selbst und das verletzte Kind

Unser falsches Selbst besteht aus allen Masken, die wir zu Hause, am Arbeitsplatz oder in unserer Gemeinschaft aufsetzen. Viele der Masken sind so perfekt, dass wir vortäuschen können, ausgeglichene Erwachsene mit wichtigen Aufgaben und großer Verantwortung zu sein. Natürlich steckt hinter diesen Masken das verängstigte kleine Kind, das nicht bereit ist, erwachsen zu werden und Verantwortung zu übernehmen. Als Kind möchten wir einfach bedingungslos geliebt und angenommen werden. Aber nach und nach lernen wir, die Forderungen bedingter Liebe zu akzeptieren. Wir lernen, wie wir uns darstellen müssen, um anderen zu gefallen. Wir lernen, uns so zu verhalten, wie es von uns erwartet wird.

Leider funktioniert dieser Handel nicht. Bedingte Liebe zahlt sich nicht aus. Das kleine Kind in uns bekommt nie die Liebe und Zustimmung, die es glaubt, erhalten zu können. Es hat sich geopfert, ohne etwas dafür zu erhalten. Es hat sich umsonst verraten. Ist es dann verwunderlich, dass es sich auf dem Kriegspfad befindet?

Das löst eine echte psychische Krise aus. Dieses Kind wird Liebe einfordern. Es wird nicht mehr bereit sein, Opfer zu bringen oder sich gut zu benehmen. Sein Egoismus wird durchscheinen. Es könnte sein, dass sein Verhalten nicht länger nett oder gesellschaftlich akzeptabel aussieht. Vielleicht wird es gar ein Monster, ein tobender Irrer, ein Satansbraten. So bricht der Schatten hervor, und das ist normalerweise nicht besonders angenehm. Dennoch ist es ein notwendiger Prozess bei der psychischen Transformation. Der Schatten kann nicht mehr von der Persona zurückgehalten werden. Die Maske muss heruntergerissen werden. Die Energie, die im Selbstbetrug gebunden war, muss befreit werden. Die Spaltung der Psyche muss beendet werden, damit das Dunkle sich mit dem Licht verbinden und die Integration stattfinden kann.

Bitte beschreibe in deinem Tagebuch, wie es deinem verletzten Kind geht. Ist es hinter der Maske des falschen Selbst ver-

borgen oder fordert es Aufmerksamkeit? Wartet es geduldig, bis andere ihr Liebesversprechen halten, oder ist es wütend und unruhig?

Das falsche Selbst stirbt

Das Hervorbrechen des Schattens ist ein Zeichen dafür, dass das falsche Selbst allmählich seinen Griff lockert. Seine Rüstung bekommt Löcher. Die äußere Haut – einst perfekt ausgearbeitet – wird faltig und verunstaltet. Das Haar – einst sauber geschnitten und in Locken gedreht – hängt zerzaust und ungepflegt herunter.

Bei manchen Menschen löst sich das falsche Selbst allmählich auf, während sie sich zunehmend wertschätzen. Bei anderen, die ihren Selbstbetrug unter allen Umständen aufrechterhalten wollten, fällt das falsche Selbst von der Mauer wie Humpty Dumpty, der in tausend Stücke zerbrach.

Bei einigen mag das Sterben des falschen Selbst einen Aufenthalt in einer geschlossenen Anstalt erfordern, um zu entgiften oder psychiatrische Behandlung zu erhalten. Bei anderen könnte es damit einhergehen, dass ihre Ehe zerbricht oder dass sie einen Job verlieren, der ihre Identität geworden war.

Das Sterben des falschen Selbst verläuft fast nie schmerzlos oder ansehnlich. Wir alle klammern uns mehr oder weniger an unser altes, selbstbegrenzendes Image, unsere Vorstellungen, Rollen und Aufgaben. Und so müssen wir daraus vertrieben oder niedergerungen werden. Shiva muss mit seinem Schwert kommen und unsere Anhaftungen an die Vergangenheit durchtrennen, damit wir in ein neues, mehr selbstbestimmtes Leben wiedergeboren werden können.

Das Feuer, das die Vergangenheit verschlingt, muss so lange brennen, bis nichts Einschränkendes mehr bleibt. Dann kann der Phönix aus der Asche steigen. Dann kann das *wahre Selbst* geboren werden.

Beschreibe deine Erfahrung mit der Auflösung und eventuell dem Tod deines falschen Selbst.

Spirituelles Erwachen

Die Geburt des *wahren Selbst* wird oft als Erfahrung spirituellen Erwachens bezeichnet. Bei vielen Menschen besteht es jedoch nicht in einer einzigen Erfahrung, sondern aus einer Reihe wichtiger Erfahrungen. Es ist ein Prozess, der von uns verlangt, unsere Maske abzuwerfen und damit zu beginnen, unsere Angst, Scham und Verletzung anzuschauen. Wir müssen uns bereitwillig in die dunklen Bereiche unserer Psyche begeben, um das Licht zurückzugewinnen. Indem wir das tun, sind wir in der Lage, unserem Gefühl der Wertlosigkeit zu begegnen und es zu transformieren.

Viele spirituelle Schüler versuchen, diesen Abschnitt ihrer Reise zu überspringen, aber das funktioniert nicht. Solange wir unsere Wunden nicht geheilt haben, können wir unserem innersten Wesen nicht begegnen. Und solange wir ihm nicht begegnen, können wir auch nicht lernen, ihm treu zu sein.

Das *wahre Selbst* wird geboren, wenn das falsche Selbst stirbt und wir unsere Essenz erkennen. Dann können wir uns nicht mehr betrügen. Dann richtet sich alles, was wir denken, fühlen, sagen und tun, allmählich auf unsere innere Wahrheit aus, auf das, was wir sind. Von diesem Zeitpunkt an kommen wir vollständig in unsere Kraft und entdecken unseren Lebenszweck. *Bitte beschreibe deine Erfahrungen des spirituellen Erwachens und wie sie dich dahin führen, dein wahres Wesen zu erkennen und ihm treu zu sein.*

Essenz und *wahres Selbst*

Das falsche Selbst betrügt unser innerstes Wesen, das *wahre Selbst* ehrt es.

Unser innerstes Wesen ist nicht wirklich von dieser Welt. Es gehört zum himmlischen Reich. Es ist unser tiefstes Sein, unsere Essenz.

Das *wahre Selbst* ist der Ausdruck unserer Essenz in der Welt. Es ist *in* der Welt, aber nicht *von* der Welt.

All unsere Talente und Begabungen sind als Potenzial in unserem Wesenskern angelegt. Sie werden von unserem *wahren Selbst* entwickelt und ausgedrückt. Das *wahre Selbst* ist der Motor unseres kreativen Ausdrucks. Weil es auf die Essenz ausgerichtet ist, ist das *wahre Selbst* verkörperte Energie. Es nutzt die Kundalini-Energie, um in unserem Leben zu wirken.

Der Wesenskern oder das innerste Wesen ist ein Nomen, eine Essenz, ein Potenzial. Das *wahre Selbst* ist ein Verb. Es ist Handlung, Bewegung, Erfüllung.

Der Wesenskern wird von der göttlichen Mutter genährt. Ihre Aufgabe besteht darin, uns zu helfen, uns so, wie wir sind, zu lieben und zu akzeptieren. Das *wahre Selbst* wird vom göttlichen Vater gestärkt. Seine Aufgabe besteht vor allem darin, uns zu helfen, unsere kreativen Gaben zu entdecken und zum Ausdruck zu bringen.

Der Wesenskern bezieht sich auf das Sein, das *wahre Selbst* auf unser Handeln.

Das Tun muss immer mit dem Sein in Einklang sein, sonst ist es falsches Tun. Alles, was das falsche Selbst tut, ist falsches Tun. Es handelt ohne Herz. Alle seine Handlungen sind von Übergriffen und Verrat geprägt.

Gelangt das Handeln mit dem Sein in Übereinstimmung, kommt die Handlung von Herzen. Sie achtet sich und andere. Das führt zum rechten Handeln, dem rechten Lebenswandel, der richtigen Beziehung.

Wenn sich das *wahre Selbst* durchsetzt, wird unsere Integrität wiederhergestellt, wir werden wieder ganz. Wir werden authentisch und richten uns ganz selbstverständlich auf unseren spirituellen Lebenszweck aus. Wir leben nicht von außen nach innen, sondern von innen nach außen. Unser Leben ist nicht länger von Angst bestimmt und auch nicht mehr vom Ego angetrieben. Es ist von der Liebe inspiriert und von der geistigen Essenz geleitet, die sich in unserem *wahren Selbst* verkörpert. Denke einmal darüber nach, inwieweit dein Sein und dein Handeln in deinem Leben übereinstimmen. Bist du dir treu – und bringst du die Begabungen und Talente zum Ausdruck, mit denen du zur Welt kamst?

Wir öffnen unser Herz für die Heilung

Symptome und Ursachen des Unglücklichseins

Es ist für jeden Menschen wichtig, sowohl die Symptome als auch die Ursachen seines Leidens aufzudecken. Manchmal hilft es uns, ausfindig zu machen, was das Symptom ist, um herauszufinden, welche Verletzung unserem Unglück zugrunde liegt. Lies die nachfolgende Liste durch und kreuze an, was bei dir zutrifft. Falls nötig, vervollständige die Liste.

- [ ] Ich fühle mich wegen meiner Vergangenheit schuldig.
- [ ] Ich bin unfähig, mir zu vergeben.
- [ ] Ich schäme mich für körperlichen/emotionalen/sexuellen Missbrauch.
- [ ] Ich bin mir selbst und anderen gegenüber übermäßig kritisch.
- [ ] Ich fühle mich wertlos/habe keine Selbstachtung.
- [ ] Ich habe wenig Selbstvertrauen/ich habe Versagensängste.
- [ ] Ich leide unter Angststörungen oder Stress.
- [ ] Ich bin träge und unmotiviert, erkenne weder meinen Lebenszweck noch ein Ziel.
- [ ] Ich möchte anderen die Schuld für meine Probleme geben.

- [ ] Ich bin unfähig, anderen ihre Übergriffe zu vergeben.
- [ ] Ich bin untreu / sexsüchtig / arbeitssüchtig.
- [ ] Ich habe ständig finanzielle Probleme / bin besessen von Geld.
- [ ] Ich handle impulsiv oder verantwortungslos.
- [ ] Ich habe Mord- oder Suizidgedanken.
- [ ] Ich missbrauche Drogen, Alkohol oder andere Substanzen.
- [ ] Ich bin ängstlich oder paranoid.
- [ ] Ich lebe in einem andauernden Strom negativer Gedanken.
- [ ] Ich habe eine posttraumatische Belastungsstörung.
- [ ] Ich bin schizophren, psychotisch oder auf andere Weise psychisch krank.
- [ ] Ich bin chronisch müde, leide unter Energiemangel.
- [ ] Ich fühle mich verloren, kraftlos, hilflos.
- [ ] Ich bin depressiv, meinem Leben fehlt der Sinn.
- [ ] ....
- [ ] ....
- [ ] ....

Überprüfe, was auf dich zutrifft, und frage dich: »Ist das ein Symptom meines Unglücklichseins – oder ist es dessen Ursache?« Wenn du das Gefühl hast, eine Ursache deines Leidens erkannt zu haben, frage dich: »Was liegt dem zugrunde?« Frage weiter: »Gibt es andere in meiner Familie, denen es auch so geht?« Versuche bis zum Ursprung dieses Zustandes vorzudringen, damit du den Bereich deines Schmerzes eingrenzen kannst und dem Erkennen deiner Ursprungswunde näherkommst. *Notiere deine Einsichten im Tagebuch.*

Das vorherrschende Gefühl

Mit dem vorherrschenden Gefühl ist gemeint, wie du dich am häufigsten fühlst. Ich nenne hier mögliche Beispiele alles beherrschender Emotionen. Kreuze an, was auf dich zutrifft, und/oder vervollständige die Liste, falls nötig.

☐ traurig   ☐ wütend
☐ neidisch   ☐ verletzt
☐ beunruhigt   ☐ ängstlich
☐ besorgt   ☐ depressiv
☐ manisch   ☐ paranoid
☐ ....   ☐ ....
☐ ....   ☐ ....

Die dominierende Emotion ist der Zugang zu deiner Ursprungswunde und dem zentralen Glaubenssatz über dich selbst. Die bei dir vorherrschende Emotion ist für nahestehende Menschen offensichtlich. Wenn dir nicht bewusst ist, welche es ist, frage deinen Partner, deine Kinder oder deine Kollegen. *Schreibe deine diesbezüglichen Einsichten und Beobachtungen auf.*

Die Ursprungswunde

Jeder trägt im Laufe der Zeit Verletzungen davon. Manche sind oberflächlich. Manche sind tief. Manche sind frisch. Manche gehen auf unsere Kindheit oder gar auf die Zeit im Mutterleib zurück. In manchen Fällen tragen wir Verletzungen in uns, die aus früheren Generationen stammen.

Eine Möglichkeit, Zugang zu unserem Schmerz zu finden, besteht darin, sich zu fragen: »Was schmerzt momentan am stärksten?«

Vielleicht ist vor drei Monaten deine Ehe zerbrochen und dein Partner ist ausgezogen. Das ist die frische Wunde. Hinter ihr verbirgt sich aber eine weitere. Vielleicht hast du eine sehr kritische Frau geheiratet, die wie deine Mutter ist. Du durchlebst jetzt also nicht nur das Scheitern deiner Ehe, sondern auch die Verletzung, die deine Mutter verursachte.

Vielleicht lebt dein ältestes Kind bestimmte Dinge aus, schwänzt die Schule, nimmt Drogen oder rebelliert gegen die Mutter – so wie du in jüngeren Jahren. Möglicherweise überrascht dich das Ausmaß deiner Wut über deinen Sohn, bis du erkennst, dass seine Handlungen deine Ursprungswunde sichtbar machen.

Alle unsere Wunden können zu einer Ursprungswunde zurückverfolgt werden. Es ist äußerst wichtig, diese tiefliegende Verletzung – und deine Reaktion darauf – zu verstehen, wenn du heil werden willst.

Ergründe, wo deine Ursprungswunde liegt. Frage dich: »Was schmerzt mich im Moment am meisten?«, und: »An welche alte Verletzung erinnert mich diese frische Wunde?«

Mutterwunde, Vaterwunde

Die Ursprungswunde wurde dir vielleicht durch Mama, Papa, eine Schwester, einen Bruder, ein anderes Familienmitglied oder durch einen anderen für dich wichtigen Menschen zugefügt. Manche Verletzungen wurden uns von völlig Fremden oder einfach vom Leben oder vom Schicksal auferlegt.

Es gibt Mutterwunden und Vaterwunden. Eine Mutterwunde stammt von zu viel, zu wenig oder unangemessener Aufmerksamkeit von Mama. Eine Vaterwunde hängt mit zu viel, zu wenig oder unangemessener Aufmerksamkeit von Papa zusammen. Die meisten Menschen haben beides: eine Mutterwunde und eine Vaterwunde. Oft liegen beide Formen der Verletzung vor, wenn wir zum Beispiel eine kritische, kontrollierende Mutter und einen schwachen oder abwesenden Vater haben. Mit anderen Worten: Zu viel Mama bedeutet oft zu wenig Papa und umgekehrt. *Finde deine Mutter- und deine Vaterwunde heraus und schreibe sie in dein Tagebuch.*

Im Folgenden findest du einige Beispiele dafür, wie eine Ursprungswunde aussehen kann.

Beispiele für Ursprungswunden

Kreuze die Kästchen neben den Verletzungen an, die auf dich zutreffen, und unterstreiche sie, um sie hervorzuheben. Vervollständige die Liste, falls nötig.

☐ Vernachlässigung und Verlassenwerden (physisch und emotional); das schließt Tod, Krankheit oder Nichtverfügbarkeit aufgrund von Scheidung, Militärdienst sowie Drogen- oder Alkoholsucht der Eltern ein

☐ Verrat (Vertrauen wurde aufgebaut, dann enttäuscht); damit kann auch eine Ambivalenz oder emotionale Instabilität der Erziehenden gemeint sein sowie eine geistige oder physische Erkrankung der Eltern

☐ Missbrauch (physisch, emotional, sexuell oder rituell)

☐ Inzest (emotional, sexuell); das umfasst auch einen Mangel an angemessenen Grenzen oder unangemessenes Verhalten von Eltern, Geschwistern oder anderen Familienmitgliedern

☐ Gefangenschaft, Eingesperrtsein, Kontrolle

☐ Mangel an Grenzsetzung / zu viel Freiheit

☐ Gestohlene Kindheit / Pflege der Eltern oder Geschwister (gezwungen sein, die Verantwortung eines Erwachsenen zu übernehmen, bevor wir dafür bereit sind)

☐ Bemutterung, Verwöhnung, geringe Erwartungen, übermäßiges Beschützen

- ☐ Gefahr bzw. Mangel an Sicherheit (physisch oder emotional)
- ☐ Schuld, falsche Verantwortung (für den Tod oder Krankheit eines Elternteils oder eines Geschwisters)
- ☐ Geburtstrauma, Geburtsfehler, Frühgeburt
- ☐ Ernsthafte oder lang andauernde Krankheiten in der Kindheit
- ☐ Nicht gewollt sein, ungewollte Schwangerschaft
- ☐ Zurückweisung von einem Elternteil, Wochenbettdepression der Mutter
- ☐ Verfolgung durch Geschwister
- ☐ Wiederholte Demütigung, Kritik, Beschämung, Schuldzuweisung durch Eltern oder andere für dich wichtige Menschen
- ☐ ....
- ☐ ....

Eigene Notizen

Nimm dir Zeit, um deine Ursprungswunde und Grundüberzeugungen aufzuschreiben.
Der Heilungsprozess setzt voraus, dass du erkennst, in welchem Bereich du am stärksten verletzt bist und welche Überzeugungen in deinem Unterbewusstsein lauern und dein Leben bestimmen.

Unsere Grundüberzeugungen

Unsere Grundüberzeugungen (zentrale Glaubenssätze) über uns selbst sind aus unserem Gefühl der Scham oder Wertlosigkeit entstanden, das mit unserer Ursprungswunde einhergeht. Unsere Grundüberzeugungen bestimmen, wie wir uns selbst und die Welt erfahren. Alle Grundüberzeugungen können zu dieser einen zusammengefasst werden: »Ich bin es nicht wert, geliebt zu werden.«

Kreuze an, welche der folgenden Grundüberzeugungen in der Liste auf dich zutreffen. Unterstreiche jene, die dir am wichtigsten erscheinen. Falls eine deiner Grundüberzeugungen nicht darunter ist, füge sie bitte der Liste hinzu.

- ☐ Nichts, was ich tue, ist gut genug.
- ☐ Ich bin ein schlechter oder böser Mensch (sonst wäre ich nicht geschlagen/sexuell missbraucht worden).
- ☐ Ich bin wertlos. Ich verdiene es nicht, die Luft zu atmen.
- ☐ Ich bin ein Versager. Mir wird nie etwas gelingen.
- ☐ Ich bin dumm. Andere sind viel schlauer als ich.
- ☐ Ich muss schlauer als andere sein, um geliebt zu werden.
- ☐ Ich bin unattraktiv.
- ☐ Ich bin schwach oder kränklich.
- ☐ Ich bin unangenehm, ungeschickt, blöd usw.
- ☐ Ich bin nicht liebenswert.
- ☐ Die Welt ist kein sicherer Ort. Wenn ich nicht aufpasse, werde ich verletzt.
- ☐ Ich stehe für andere ein, aber keiner steht für mich ein.
- ☐ Liebe ist zu beängstigend. Ich bleibe besser alleine.
- ☐ Ich kann es nicht selbst tun. Ein anderer muss es für mich tun.
- ☐ Ich muss es alleine tun. Niemand kann mir helfen.
- ☐ Meine Bedürfnisse sind nicht wichtig. Ich muss mich um andere kümmern (Vater, Mutter usw.).
- ☐ Was ich auch tue, es wird nie genug sein.
- ☐ Wenn ich dem Universum vertraue, werde ich zertrümmert.
- ☐ Wenn ich für mich selbst einstehe, werde ich nicht geliebt.
- ☐ ....
- ☐ ....
- ☐ ....

Reaktives Verhaltensmuster

Unser reaktives Verhaltensmuster zeigt auf, wie wir reagieren, wenn Angst hochkommt. Manche Menschen reagieren auf Angst, indem sie sie verinnerlichen (herunterschlucken), andere richten sie nach außen (projizieren sie auf andere).

Falls wir ein *nach innen gerichtetes Reaktionsmuster* haben, versuchen wir, uns vor anderen zu verstecken oder unsichtbar zu werden, sobald wir Angst bekommen. Wir werden physisch oder emotional unzugänglich, verschlossen oder zwanghaft. Wir laufen weg oder »verschwinden«. Wir konfrontieren uns nicht mit dem anderen. Wir verinnerlichen unsere Wut. Wir beschuldigen uns selbst. Wir werden zum Opfer.

Ist unser Reaktionsmuster *nach außen gerichtet,* greifen wir andere an, wenn Angst hochkommt. Unser Verhalten ist emotional oder physisch aufdringlich, aggressiv oder dominant. Wir werden ausfallend oder gewalttätig. Wir schreien, schlagen, beschuldigen und beschämen. Wir drücken unsere Wut aus, ohne sie uns einzugestehen oder anzuschauen. Wir werden zum Täter.

Im Allgemeinen neigen wir dazu, das reaktive Verhaltensmuster unseres dominanten Elternteils nachzuahmen und Beziehungen mit Menschen einzugehen, die das entgegengesetzte Verhaltensmuster aufweisen, um die psychologische Dynamik der Beziehung unserer Eltern nachzuleben.

Wir müssen uns dieser Dynamik und unserer Rolle darin bewusst werden, wenn wir sie ändern wollen. Ansonsten verstärkt sich diese Dynamik, und wir geben sie an unsere Kinder weiter. *Notiere dein reaktives Verhaltensmuster in deinem Tagebuch, um daran zu arbeiten. Schreibe auf, wie es sich in der*

Vergangenheit ausgewirkt hat und wie es sich in der Gegen-
wart auswirkt. Inwieweit hast du das Muster erkannt und
Schritte zur Veränderung unternommen?

Die Lektionen des Lebens

Jeder von uns kommt mit bestimmten Lektionen in dieses Leben, die er oder sie lernen muss. Wir müssen die eine oder
andere Fähigkeit entwickeln, um ein besseres Gleichgewicht
in unserem Leben zu finden. Unsere reaktiven Verhaltensmuster, die das Resultat unserer Ursprungswunde sind, und unsere
Grundüberzeugung über uns selbst drängen uns oft in eine zu
starke Introvertiertheit oder Extrovertiertheit. Wir müssen ins
Gleichgewicht kommen.

Introvertierte Menschen müssen lernen, auf andere zuzugehen, sich mit anderen auszutauschen und Rückmeldungen zu
bekommen.

Extrovertierte Menschen müssen sich die Zeit nehmen, um
allein zu sein, mit sich selbst und ihren Gefühlen in Kontakt
zu kommen und zu verstehen, was wirklich wichtig für sie ist.
Schreibe dir auf, auf welche Weise du deine Lektionen lernen
und dein Leben ins Gleichgewicht bringen kannst.

Entschlüssele deine Wunde – Strategien für die Heilung

Wenn du wirklich glücklich über dein Leben sein willst, musst du deine mentalen/emotionalen Auslöser und die reaktiven Verhaltensmuster verstehen, die aus deiner Kindheit stammen. Solange dir deine Ursprungswunde und deine Grundüberzeugung über dich nicht bewusst ist, werden diese weiterhin dein Verhalten von der unbewussten Ebene aus steuern. Du wirst wie eine Marionette sein: Sie wird an unsichtbaren Fäden geführt, die dich dann umherschleudern, wenn du es am wenigsten erwartest.

Wie kannst du die Führung in deinem Leben übernehmen,

wenn du nicht verstehst, wie du verletzt wurdest und woher dein Schmerz kommt? Du musst lernen, die psychologischen Hintergründe deines Leidens zu erkennen, damit du deinen Schmerz heilen und in deine Kraft kommen kannst.

Indem du die folgenden Fragen beantwortest, entschlüsselst du deine Wunde und entwickelst Strategien für deine Heilung. Bitte nimm dir etwas mehr Zeit, um diese Fragen ausführlich zu beantworten, und sei so gründlich wie möglich. Falls nötig, nimm zusätzliches Papier zur Hand. Vielleicht hilft es dir, mit einem Freund und / oder einem Therapeuten durch diesen Prozess zu gehen und deine Geschichte mit ihm zu teilen.

Es kann hilfreich sein, diese Übung im Laufe des kommenden Jahres mehrmals zu wiederholen. Das wird dich jedes Mal zu neuen Erkenntnissen und Einsichten führen.

Beantworte die Fragen 8 und 9 (Lektionen, Heilungsstrategien) bitte besonders gründlich. Deine Antworten sind letztendlich ein »Rezept« zum Glücklichsein und geben dir eine konkrete Hausaufgabe für das Jahr.

Tagebuchnotizen

1. Welche *Emotion* dominiert in deinem Bewusstsein?
2. Was ist deine *Ursprungswunde?* Wer hat dich verletzt und auf welche Weise hat man dich verletzt?
3. Was ist / sind deine *Grundüberzeugung/en?* Welche Botschaft über dich selbst hast du verinnerlicht?
4. Welches ist dein *reaktives Verhaltensmuster?* Wie hast du auf deine Wunde / deinen Schmerz reagiert?
5. Was sind deine *aktuellen wunden Punkte?* Wie äußert

sich dieses Verhaltensmuster derzeit in deinem Leben und deiner Beziehung?

6. Inwiefern setzt sich der *Missbrauch* fort? Wie wirken sich deine reaktiven Verhaltensmuster auf deine Kinder und andere geliebte Menschen aus? Wie wird deine Ursprungswunde weitergegeben?

7. Wie kannst du dein *reaktives Verhaltensmuster* umkehren?

8. Welche *Lektionen* hast du zu lernen?

9. Welche *Heilungsstrategien* können dir helfen, diese Lektionen zu lernen und dein Leben zu transformieren?

Arbeitsblatt-Muster

1. *Dominierende Emotion:* Traurig und depressiv. Ich erkenne, dass ich mich ständig niedermache.

2. *Ursprungswunde(n):* Papa war nicht anwesend, Mama war überkritisch.

3. *Grundüberzeugung:* Nichts, was ich tue, ist gut genug. Ich bin ein/e Versager/-in.

4. *Reaktives Muster:* Flucht, Rückzug, Isolation, ich verschließe mich, beschuldige und beschäme mich.

5. *Wie sich das Muster in meinem Leben zeigt:* Ich habe eine Frau geheiratet, die überkritisch ist – so, wie meine Mutter mir gegenüber war. Das hat meine Mutterwunde verstärkt. Ich konnte mich gegen meine Mutter oder meine Frau nicht wehren. Ich lief weg. Ich bin jetzt geschieden.

6. *Wie meine Wunde weitergegeben wird:* Ich liebe meine Kinder, aber ich sehe, dass ich, wie damals mein Vater, oft

abwesend bin. Mein Job, der nicht gerade erfüllend ist, nimmt mich völlig in Anspruch. Ich sehe auch, dass ich kritisierend wie meine Mutter geworden bin. Ich erwarte sehr viel von meinen Kindern. Es fällt mir schwer, sie bedingungslos zu lieben.

7. *Umkehrung des reaktiven Musters:* Ich höre auf, davonzulaufen, wenn mir etwas Angst macht.

8./9. *Lektionen und Heilungsstrategien:* Ich lerne, mich gegen meine Mutter aufzulehnen, und höre auf, ihre Anerkennung bekommen zu wollen. Ich lerne, meine eigene Mutter zu sein, mich selbst zu lieben und meine Kinder so zu lieben und zu akzeptieren, wie sie sind. Ich höre auf, mich beweisen zu wollen, um die Anerkennung der Frauen in meinem Leben zu erhalten. Ich finde positive männliche Vorbilder, insbesondere ältere Männer, die mich ermutigen und die Vaterenergie verkörpern, die ich nicht hatte, während ich aufwuchs. Ich lerne, den Druck wegzunehmen und sanfter mit mir umzugehen. Ich höre auf, so hart zu arbeiten und so ernsthaft zu sein. Ich werde unbeschwerter und nehme mir Zeit, um mein Leben zu genießen. Ich erlaube mir, auch mal kindisch zu sein. Ich lerne, zu vertrauen, zu spielen, spontan zu sein.

Leitfaden für deine Heilungsreise

Nachstehend findest du einen einfachen »Fahrplan« für den Prozess der emotionalen Heilung. Lies dir jeden Schritt durch und schätze ab, wo du Fortschritte gemacht hast. Sei ehrlich. Zolle dir Anerkennung für das Erlernte und mache dir klar, welche Herausforderungen noch vor dir liegen.

Schreibe also die folgenden Herausforderungen 1 bis 9 in dein Tagebuch. Benenne bei jeder der neun Aufgaben die Fortschritte, die du gemacht hast, indem du dazu notierst: »Folgende Fortschritte habe ich gemacht: ...«

1. **Akzeptiere deine Verletzung.** Es ist passiert. Sie ist Teil deines Lebens. Du kannst sie nicht zum Verschwinden bringen.

2. **Lass dein Schuldgefühl los.** Was auch immer geschehen ist: Du musst verstehen, dass es nicht deine Schuld war. Du warst unschuldig. Höre auf, dich dafür zu beschuldigen. Nichts an dir ist falsch oder schlecht.

3. **Gestehe dir deinen Schmerz ein und teile ihn anderen mit.** Hör auf, vor dem Schmerz wegzulaufen oder zu versuchen, ihn zu verbergen. Beginne eine Therapie. Suche dir Hilfe wegen deiner Süchte, damit du dem Schmerz direkt begegnest. Teile dein Leid anderen mit. Du bist nicht allein mit deinem Schmerz. Finde eine heilende Gemeinschaft, in der du Unterstützung und Ermutigung geben und bekommen kannst, um wieder heil und ganz zu werden.

4. **Konfrontiere denjenigen, der dich verletzt hat, und vergib ihm.** Wenn es da etwas auszusprechen gibt und du es sagen kannst, dann tue das. Sofern die Möglichkeit nicht besteht, demjenigen, der dich missbraucht oder verletzt hat, in die Augen zu sehen, schreibe einen Brief oder sprich es auf Band. Werde die ganze Wut und den Schmerz los. Halte sie nicht länger zurück. Sie gehören nicht zu dir. Schrei, schlage, hau auf ein Kissen, lass den Schmerz gehen. Wenn du damit fertig bist, verbrenne den Brief bzw. lösche die Aufnahme. Vergib dem Menschen, der dich verletzt hat. Vergib, wann immer sich eine Ge-

legenheit dazu bietet. Der Schmerz hat viele Schichten, und deine Vergebung muss sie alle durchdringen.

5.   **Hör auf, ein Opfer zu sein.** Lass von deiner Geschichte ab. Hör auf, dich selbst oder andere zu beschämen oder zu beschuldigen. Geh voran in deinem Leben. Lass das alte Leben hinter dir. Fang an, ein neues Leben zu erschaffen.

6.   **Schaffe dir ein Netzwerk der Unterstützung,** eine spirituelle Familie, die versteht, woher du kommst und wohin du dich bewegst. Schließe neue Freundschaften. Finde Mentoren und positive Vorbilder, denen du nacheifern kannst.

7.   **Nimm deine Gaben an und beginne sie weiterzugeben.** Wenn diese Begabungen noch weiter entwickelt werden müssen, nimm Unterricht. Geh in die Lehre, um zu einem Meister zu werden. Entwickle deine Fähigkeiten und Talente, damit du anderen offenherzig und zuversichtlich deine Gaben anbieten kannst. Jeder hat etwas zu geben. Konzentriere dich auf das, was dir Freude macht und sich ganz von selbst und mühelos ergibt. Geh schöpferische Risiken ein. Lebe dein Potenzial. Entdecke deinen Lebenszweck. Dazu bist du hier.

8.   **Hilf anderen, heil zu werden.** Gib denen etwas zurück, die so verängstigt und verletzt sind, wie du es einst warst. Sei ein Begleiter und ein Vorbild. Gib ihnen die Hoffnung, dass Heilung möglich ist.

9.   **Bestärke andere darin, ihre eigenen Entscheidungen zu treffen und die Verantwortung für ihr Leben zu übernehmen.** Übernimm nicht Verantwortung für andere und versuche nicht, sie durchs Leben zu tragen. Zeige ihnen, wie sie für sich selbst Verantwortung übernehmen und mit ihrem Leben vorankommen können.

In der Regel heilen unsere Verletzungen, indem wir lernen, uns selbst bedingungslos anzunehmen und zu lieben. Alle Etappen auf dem Fahrplan tragen dazu bei, dieses Ziel zu erreichen. Wenn Liebe die wunden Stellen im Innern durchdringt, beginnen sie zu heilen, und wir fühlen uns allmählich immer stärker und vollständiger. Es wird leichter, sich selbst und anderen zu vergeben, und es geht tiefer. Wir lassen von unseren Beschuldigungen und Vorwürfen ab und lernen, freundlich zu uns selbst und anderen zu sein.

Unsere Gaben entdecken, auf sie vertrauen und ihnen Ausdruck verleihen

Entdecke deine Gabe

Dein Wesenskern ist der strahlende Lichtfunke, den du nähren und in der Welt leuchten lassen sollst. Dazu bist du hierhergekommen. Dein Wesenskern hält immer ein Geschenk bereit, das du entdecken musst. Dieses Geschenk beinhaltet alle Fähigkeiten, Talente, Begabungen und Stärken, mit denen du in dieses Leben gekommen bist. Sie sind ganz natürlich für dich, und sie auszudrücken ist freudvoll und mühelos. Normalerweise ist ein Prozess der Entfaltung und Verfeinerung der Gabe notwendig. Und dann musst du lernen, auf sie zu vertrauen. Dieser Vorgang ist wesentlich, wenn du echtes Glück erfahren willst. Wenn deine Gabe brachliegt oder vergessen wird, wirst du nie die Freude und Erfüllung ernten, die dein Geburtsrecht sind. Das Universum hat seinen Teil getan, indem es dir dieses strahlende Licht in deinem tiefsten Innern gegeben hat. Dein Job ist es, das Licht zu entdecken und zu lernen, es scheinen zu lassen.

Vergiss nicht: Dieses Geschenk ist nicht für dich alleine gedacht. Es ist für alle da. Der Ausdruck deiner Gabe bringt nicht nur dir Freude, sondern erfreut auch andere. Er dient deinem Wohl wie auch dem Allgemeinwohl der Menschheit.

Wenn du erst einmal weißt, was deine Gabe ist, und du Vertrauen in deine Fähigkeit entwickelst, sie zu geben, erhältst du Gelegenheit, sie mit anderen zu teilen. Je mehr du sie teilst und durch die offenen Türen gehst, desto mehr Türen werden sich für dich öffnen. Nach und nach findest du zu deinem Lebenszweck. Dann weißt du, was du auf diesem Planeten zu tun hast, und nichts wird dir mehr Freude bereiten oder Erfüllung schenken als dies.

Es gibt viele verschiedene Gaben. Ich zähle nur einige auf:

>> **Kreative Gaben** (andere unterhalten / erfreuen durch Singen, Tanzen, Malen, Schreiben, Musizieren, Schauspielen)
>> **Emotionale Gaben** (Unterstützung, Optimismus, Ermutigung, Enthusiasmus, Spontaneität)
>> **Physische Gaben** (Sportlichkeit, Koordination, Ausdauer, Kraft, Beweglichkeit, Lebhaftigkeit, Langlebigkeit)

- 𝓓 **Intellektuelle Gaben** (gutes Gedächtnis, Logik, analytisches Denken, Unterscheidungsfähigkeit, geistige Klarheit)
- 𝓓 **Mediale Gaben** (Prophezeiung, Telepathie, Einfühlungsvermögen, Intuition, Hellhörigkeit, Hellsichtigkeit)
- 𝓓 **Spirituelle Gaben** (Verständnis, Mitgefühl, Akzeptanz, Glauben, Vertrauen, Frieden, Freude, Einssein)

Schau dir die folgende Liste mit Gaben an, die Menschen in unserer Gemeinschaft haben. Kreuze an, welche auf *dich* zutreffen. Solltest du keine deiner Begabungen vorfinden, füge sie bitte der Liste bei.

- ☐ Die Gabe der Hingabe
- ☐ Die Gabe der Vergebung
- ☐ Die Gabe zu heilen
- ☐ Die Gabe der Akzeptanz
- ☐ Die Gabe des Verantwortungsbewusstseins
- ☐ Die Gabe der Fürsorge
- ☐ Die Gabe der vorwurfsfreien Kommunikation
- ☐ Die Gabe hingebungsvollen Singens/Chantens
- ☐ Die Gabe des Schreibens
- ☐ Die Gabe der öffentlichen Rede
- ☐ Die Gabe, Gruppen zu leiten
- ☐ Die Gabe, Yoga, Tai-Chi, Qigong, Eurhythmie auszuüben und zu lehren
- ☐ Die Gabe der Malerei, Bildhauerei, Fotografie
- ☐ Die Gabe, zuzuhören
- ☐ Die Gabe, andere zu stärken und zu unterstützen
- ☐ Die Gabe, zu lehren, zu beraten und zu betreuen

- ☐ Die Gabe des Manifestierens
- ☐ Die Gabe der Unterscheidungsfähigkeit
- ☐ Die Gabe des Mitgefühls
- ☐ Die Gabe der Zusammenarbeit bzw. der gemeinsamen Schöpfung
- ☐ Die Gabe der Dankbarkeit
- ☐ Die Gabe, heilige Räume und Rituale zu schaffen
- ☐ Die Gabe, Menschen miteinander in Kontakt zu bringen
- ☐ ....
- ☐ ....
- ☐ ....

Schreibe folgende Fragen in dein Tagebuch und beantworte sie. Sie werden dir zu erkennen helfen, wo du im Hinblick auf das Nähren, Entwickeln und den Ausdruck deiner Gabe stehst.

1. Nimmst du deine Gabe an und heißt du sie willkommen?
2. Hast du dir die Zeit genommen, deine Begabungen zu entwickeln und zu verfeinern?
3. Vertraust du derzeit auf deine Gabe und stellst sie anderen zur Verfügung?

Falls du eine dieser Fragen mit »Nein« beantwortet hast, stelle dir diese drei weiteren Fragen:

1. Was steht dem im Wege, deine Gabe anzuerkennen, anzunehmen und willkommen zu heißen?
2. Was hält dich davon ab, deine Gabe weiterzuentwickeln bzw. zu verfeinern?
3. Was hindert dich, deine Gabe aktiv mit anderen zu teilen?

Konzentriere dich darauf, was du hervorbringen willst

Alles, worauf du dich konzentrierst, worauf du deine Energie und Aufmerksamkeit lenkst, womit du dich emotional verbindest, tendiert dazu, zu wachsen. Überlege dir also gut, worauf du dich ausrichtest.

Beschäftige dich mit dem, was du hervorbringen möchtest, und denke nicht über das nach, was du *nicht* willst. Schau auf das, was dir Freude bereitet. Sei nicht auf das fixiert, was du hasst.

Nachdem du dir deinen Schmerz eingestanden und deine dysfunktionalen Muster angeschaut hast, musst du den Gang wechseln. Du musst das alte, zersplitterte Selbst hinter dir lassen, damit das neue, ganzheitliche Selbst geboren werden kann. Wie der entstehende Schmetterling musst du deine Raupenhaut abwerfen und zulassen, dass sich deine neuen, bunten Flügel entfalten.

Halte nicht an deinem Schmerz fest. Lass die alte Geschichte los und fang an, eine neue zu schreiben.

Halte nicht an deiner Verletzung fest. Lass zu, dass sie heilt.

Gib dich nicht damit zufrieden, Opfer zu sein. Opfer können nicht heil werden.

Sei ein Schöpfer deines eigenen Lebens. Finde zu deiner Kraft zurück und übernimm das Ruder in deinem Leben. Es ist sowohl dein Recht als auch deine Verantwortung, deinen freien Willen auszuüben.

Vielleicht findest du folgende Übung nützlich: Setze dich zu Beginn der Woche hin, um 5 bis 10 Minuten lang still zu werden und dir die folgenden Fragen zu stellen. *Notiere die Ant-worten in deinem Tagebuch.*

〰 Was möchte ich diese Woche erreichen? Welche Ziele habe ich für diese Woche?

〰 Was bin ich bereit zu tun, um meinen Zielen näherzu-kommen?

Lies deine Antworten jeden Morgen nach dem Aufstehen. Bleibe auf die Ziele ausgerichtet, die du dir gesetzt hast. Falls unvorhergesehene Hindernisse auftauchen, betrachte sie als Herausforderungen.

Schreibe auf, welche Veränderungen und Anpassungen er-forderlich sind, und notiere sie in deinem Aktionsplan für die kommende Woche.

Das Leben lehrt uns unter anderem, stark und entschlossen zu sein. Du kannst in deinem Leben nicht viel erreichen, wenn du zu schnell aufgibst. Alle Menschen müssen sowohl Geduld als auch Durchhaltevermögen entwickeln.

Es bringt uns nicht weiter, niedrige Erwartungen an uns oder andere zu haben. Zu geringe und zu hohe Erwartungen laufen aufs Gleiche hinaus: Beide verfehlen das Ziel.

Der Trick ist, sich realistische Ziele zu setzen und unablässig darauf hin zu arbeiten. Das ist ein absolut sicheres Rezept für den Erfolg.

Finde dein Haus der Heilung

Viele Menschen suchen überall auf der Erde nach dem Sinn
ihres Lebens, obwohl er direkt vor ihrer Nase liegt. Wenn wir
jemandem die Hand reichen, der unsere Hilfe braucht, wird
unsere Bestimmung deutlich. Wir sind hier, um selbst heil zu
werden und anderen bei ihrer Heilung zu helfen. Es ist nicht
esoterischer oder komplizierter als das.
Du hast deine Reise zur Ganzheit damit begonnen, dir deine
Verletzung einzugestehen und sie zu heilen. Du hast gelernt,
dir selbst und anderen für den in der Vergangenheit entstan-
denen Schmerz zu vergeben. Du hast deine Opferhaltung hinter dir gelassen und gelernt, Verantwortung für dein Leben zu
übernehmen.

Du bist der lebende Beweis dafür, dass Heilung und Wiedergutmachung möglich sind.

In diesem Moment gibt es andere in deiner Stadt oder deinem Ort, die sich mit der gleichen Ursprungswunde abmühen. Sie beschämen und beschuldigen sich selbst und andere oder verleugnen ihre Verletzung und versuchen, sich mit Arbeit, Sex, Drogen oder Alkohol zu betäuben. Du weißt, was es bedeutet, in der Verleugnung zu leben, weil du es auch gemacht hast. Du weißt, was es heißt, zu beschuldigen und Vorwürfe zu machen, weil du dich selbst so verhalten hast. Wer sonst könnte diese Menschen erreichen?

Vielleicht sagst du: »Ach, dafür bin ich doch nicht verantwortlich.« Und du hast recht: Du trägst keine Verantwortung dafür. Es liegt in ihrer Verantwortung, heil zu werden. In der Praxis sieht es aber so aus, dass es nur wenigen gelingen wird, alleine zu heilen. Ohne dich würden sie den Weg nicht finden. Sie würden weiterhin die alten Pfade austreten. Sie würden weiter in die Sackgassen laufen. Sie würden in ihrem Schmerz stecken bleiben.

Aber du weißt, wie sie sich fühlen und wie sie denken. Sie werden nicht auf andere hören, aber dir werden sie zuhören. Ob du nun an Gott glaubst oder nicht: Du kannst deine Augen nicht vor dem Leid deiner Mitmenschen verschließen. Du kannst nicht umhin, ihren Schmerz zu spüren. Du kannst nicht ihren Hilfeschrei hören und dich dann von ihnen abwenden.

Ein altes, aber zutreffendes Sprichwort besagt, dass die Schüler erscheinen, wenn der Lehrer bereit ist. Wenn du bereit bist, etwas zu geben, werden diejenigen zu dir finden, die deine Gabe brauchen. Das ist wirklich stark. Es ist ein klarer Beweis dafür, dass eine spirituelle Realität in unserem Leben wirkt.

Wenn wir uns darauf einlassen, anderen bei ihrer Heilung zu helfen, wissen wir endlich, dass wir am »richtigen« Platz sind. *Beschreibe jetzt in deinem Tagebuch dein Haus der Heilung und auf welche Weise du deine Begabungen einsetzen kannst, um andere bei der Heilung von Verletzungen zu unterstützen, die den deinen ähneln.*

Verstehe das Gesetz der Anziehung

Warum versuchen wir, unsere Träume zu manifestieren, und scheitern damit? Weil wir es mit unserem verwundeten Selbst versuchen und nicht aus unserem reinen inneren Kern. Solange wir unsere Wunden nicht geheilt haben, können wir unsere Gabe nicht manifestieren oder sie an andere weitergeben. Solange wir unseren Schmerz noch nicht geheilt haben, erzeugen wir ihn immer wieder neu. Solange wir noch nicht herausgefunden haben, wer wir sind und was wir wirklich wollen, werden wir Leid hervorbringen. So einfach ist das.

Damit das Gesetz der Anziehung funktionieren kann, muss die Verbindung zu unserem Wesenskern die Grundlage unseres Handelns sein. Das bedeutet, unsere Schöpfungen entstehen aus dem Bewusstsein heraus, dass wir geliebt werden und wertvoll sind.

Nachstehend findest du einige der häufigsten Missverständnisse hinsichtlich dieses Gesetzes, damit du sie vermeiden kannst. *Nimm dir die Zeit, die für dich zutreffenden aufzuschreiben.*

Missverständnisse ...

Nr. 1: Ich erschaffe, was ich will.

Das stimmt, wenn du mit deinem Wesenskern verbunden bist. Andernfalls stimmt es nicht. Dein falsches Selbst wird etwas hervorbringen, das du weder möchtest noch brauchst.

Nr. 2: Ich weiß, was ich will.

Denke noch einmal nach: Die meisten Menschen haben nicht die geringste Ahnung, was sie wollen. Sie haben nur die Vorstellungen von ihren Eltern oder anderen Autoritätsfiguren übernommen. Manchmal ist es einfacher, sich darüber klar zu werden, was man *nicht* will, um dann zu sehen, was übrig bleibt.

Nr. 3: Ich bin hier, um anderen zu helfen.

Ja, das stimmt. Aber erst musst du dir selber helfen und deine eigenen Verletzungen heilen. Solange du das nicht tust, wirst du für andere keine große Hilfe sein.

Nr. 4: Ich kann so viel Geld manifestieren, wie ich will.

Ja, mag sein. Manche Menschen haben ein gutes Händchen für Geschäfte und Finanzen. Andere nicht. Aber selbst diejenigen, die gut darin sind, sind nicht zwangsläufig glücklich. Wenn es dir schwerfällt, mit deinen Einkünften auszukommen, oder falls du einen Beruf hast, den du nicht magst, könnte es sein, dass das Geld nicht der springende Punkt ist. Dein Problem könnte sein, dass du nicht auf dein *innerstes Selbst* und auf deine schöpferischen Gaben ausgerichtet bist.

Nr. 5: Ich kann eine perfekte Beziehung haben.
Es wird die »perfekte« Beziehung sein, um deine Knöpfe zu drücken und dir deutlich zu machen, was noch geheilt werden muss. Alle Beziehungen sind Lernwerkstätten. Du ziehst unweigerlich einen Partner an, der dasselbe Maß an Liebe und Angst hat wie du. Das Ergebnis ist, dass ihr einander spiegelt und somit viel Gelegenheit habt, zu lernen, zu wachsen und zu heilen.

Schreibe deine Gedanken dazu im Tagebuch auf.

Finde heraus, was dich begeistert

Ohne Begeisterung für das, was wir tun, zu handeln, ist Verrat am Selbst. Deshalb müssen wir mit dem Herzen verbunden sein und herausfinden, was uns wirklich begeistert. Andernfalls wird uns das, was wir tun, niemals zufriedenstellen können.
Wir leben in einer Welt, die aus dem Gleichgewicht geraten ist. Die Glaubenssätze, die dieses Ungleichgewicht aufrechterhalten, müssen hinterfragt werden.

Nr. 1: Ich muss etwas tun (auch wenn ich gar nichts tun will).
Bitte stelle diese Überzeugung infrage. Es ist oft besser, nichts zu tun, als aus Angst oder Langeweile zu handeln — oder weil man Kritik von Autoritätspersonen befürchtet.

Nr. 2: Wenn ich nichts tue, werde ich hungern und obdachlos werden.

Lass nicht zu, dass deine Befürchtungen dich in Panik versetzen. Das Nichtstun soll keine dauerhafte Lösung sein, sondern eine Unterbrechung dessen, was nach unserem Dafürhalten nicht funktioniert. Es ist eine Phase, in der wir in unsere Mitte kommen und beobachten, um eine Perspektive zu gewinnen und Führung oder Inspiration zu erhalten. Mit anderen Worten: Wir verbinden uns mit der göttlichen Mutterenergie, wenn wir sie wirklich brauchen.

Nr. 3: Mehr zu tun ist besser, als weniger zu tun.

Das stimmt nur dann, wenn das, was du tust, funktioniert und im Einklang mit deinem Leben ist. Wenn es nicht funktioniert oder nicht harmonisch läuft, ist es besser, weniger zu tun.

Wenn wir diese falschen Glaubenssätze und Annahmen infrage stellen, können wir beginnen, unser Leben ins Gleichgewicht zu bringen. Wir können zur Ruhe kommen, uns mit unserem Herzen verbinden und anfangen, Dinge zu tun, die uns wirklich wichtig sind und für die wir uns einsetzen können. So lernen wir, mit Enthusiasmus und Verantwortungsbewusstsein zu wirken. Wir werden weder impulsiv handeln und uns oder andere betrügen, noch werden wir Dinge aufschieben oder Versprechen geben, die wir nicht halten können.

Bitte schreibe in dein Tagebuch, welche Glaubenssätze am meisten auf dich zutreffen, und überlege, wie du anfangen kannst, sie zu hinterfragen.

Übungen, die Freude machen

Entwickle den inneren Beobachter

Heilung erfordert die Bereitschaft zum täglichen Üben. Eine Übung, die hilfreich sein kann, besteht darin, sich jeden Tag 20 bis 30 Minuten Zeit zu nehmen, um still zu werden und die eigenen Gedanken zu beobachten.

Während du deine Gedanken beobachtest, löst du dich von ihnen und wirst zum Beobachter. Du nimmst die Gedanken wahr, die kommen und gehen, aber du hältst nicht an ihnen fest und versuchst auch nicht, sie wegzuschieben. Du bleibst neutral und nimmst einfach wahr, was geschieht.

Wenn du feststellst, dass du dich mit einem bestimmten Gedanken oder einer damit verbundenen Emotion identifizierst, nimmst du auch das einfach wahr und erinnerst dich daran, dass du nur Beobachter bist, kein Teilnehmer.

Am Anfang dieser Übung glaubst du, dass deine Gedanken zu dir gehören. Aber wenn du sie eine Zeit lang beobachtet hast, fängst du an, sie eben nur als Gedanken zu betrachten, nicht als *deine* Gedanken. Du identifizierst dich nicht mehr mit ihnen. Sie sind nicht das, was dich ausmacht.

Das Gleiche geschieht mit den Emotionen, die mit diesen Gedanken verbunden sind. Nach einiger Zeit sind es einfach Gefühle, nicht *deine* Gefühle. Kommt also Traurigkeit hoch, ist es anfangs deine Traurigkeit über die Tatsache, dass deine Mutter gestorben ist, als du sechs warst. Irgendwann aber ist es nur »Traurigkeit« oder »die Geschichte über Traurigkeit«.

Das Schöne am Beobachter-Bewusstsein ist, dass es uns auf einer Ebene jenseits der Wunde hält, damit wir sie anschauen können, ohne uns damit zu identifizieren. Das ist sehr hilfreich. Aus dieser Perspektive können wir erkennen, wie leicht wir an unserer »Story« hängen bleiben. Wir erkennen, wie wir diese oder jene Geschichte zu unserer Identität machen wollen. Wir können herausfinden, wie leicht es uns fällt, in die Opferrolle zu schlüpfen und Hunderte von Ausreden zu finden, warum wir nichts an unserem Leben ändern können.

Das Wunderbare an dieser Sache ist, dass der Beobachter, der das »Opfer« sieht, nicht das Opfer sein kann. Das ist das Geschenk der Achtsamkeit. Wenn wir uns eines Musters bewusst werden, können wir nicht innerhalb dieses Musters sein.

Versuche, das Bewusstsein des Beobachters zu entwickeln, und notiere die Einsichten, zu denen es führt.

Sei dankbar und feiere

Wir erleben Freude, während wir feiern und dankbar sind. Wenn wir den Mund aufmachen, um Worte der Liebe zu chanten oder feierliche Lieder zu singen, erleben wir Freude, Ekstase und Glückseligkeit.

Sobald wir Tänze der Dankbarkeit und des Friedens tanzen, öffnet sich unser Herz, und wir spüren die Energie in unseren Händen und Füßen fließen. Segnen wir andere und uns selbst, werden wir innerlich emporgehoben und die anderen auch. Wenn wir anbieten, jemandem zu helfen, der unsere Hilfe braucht, spüren wir Güte und Gnade ringsum.

Der menschliche Geist war dazu gedacht, zu tanzen, zu singen und das Leben zu feiern. Er sehnt sich nach diesem Ausdruck und kann nicht ohne ihn sein.

Nachdem wir das erkannt haben, könnte eine der Möglichkeiten, mehr Freude in unser Leben zu lassen, darin bestehen, dass wir uns jede Woche mit anderen treffen, um das Gute im Leben zu feiern und für alle Segnungen zu danken. Schließe dich einem Chor an; triff Menschen aus allen Traditionen, die den Tanz des universellen Friedens tanzen; verbringe einen Abend mit Chanten, Beten oder Trommeln. Solche Rituale nähren das Herz. Und in unserer Kultur wird das Herz nicht oft genährt.

Es gibt so vieles in unserem Leben, was uns deprimiert, ängstigt und besorgt. Sooft wir den Fernseher einschalten oder die Zeitung lesen, werden wir von schlimmen Nachrichten über Vergewaltigungen, Morde oder Unfälle überflutet. Das macht uns traurig und hoffnungslos.

Du kannst dein Herz nicht weiterhin vergiften, sonst wird es schrumpfen und sterben. Du musst ihm aufbauende Nahrung geben. Es muss die guten Nachrichten hören, nicht nur die schlechten. Es muss von Wundern hören, nicht nur von Katastrophen.

So, wie du auswählst, was du in deinen Mund steckst, wählst du auch, womit du dein Herz und deinen Geist fütterst sowie die Herzen und Gemüter deiner Kinder.

Richte deinen Blick nicht nur auf Gewalt und Grausamkeit. Gib dich nicht mit den schlechten Nachrichten zufrieden. Klage nicht ständig über all die schrecklichen Dinge, die in der Welt geschehen. Finde die guten Dinge. Bring sie in dein Herz und dein Zuhause. Feiere sie mit deinen Kindern.

Sei derjenige, der Hoffnung bringt, nicht Verzweiflung. Sei derjenige, der feiert, nicht der, der sich beklagt. Sei derjenige, der Liebe bringt, und nicht der, der Angst heraufbeschwört.

Mach diese Woche ein Experiment: Verändere deine geistige und emotionale Ernährung. Schalte den Fernseher aus sowie alle Handys, Computer und Videospiele. Lege die elektronischen Geräte beiseite. Mach eine Pause von der menschlichen Besessenheit nach Technik und Maschinen.

Feiere den Sabbat nach alter Tradition. Steig noch nicht einmal in dein Auto. Nimm deine Kinder und deinen Ehepartner an der Hand und mach einen langen Spaziergang am Fluss, durch die Wälder oder im Park. Verbringt Zeit miteinander. Schaut euch in die Augen. Seid dankbar für die Zeit, die ihr miteinander habt. Das Leben ist im Nu vorbei. Verpasse keine Gelegenheit, deine Liebe und Dankbarkeit zum Ausdruck zu bringen.

Notiere deine Erfahrungen in deinem Tagebuch. Wenn es dir gutgetan hat, kannst du die Übung verlängern oder Teile davon in dein tägliches Leben einbauen.

Gib die Negativität auf

Diese Übung lädt dich ein, mit dem griesgrämigen Klagen aufzuhören. Sie fordert dich dazu auf, Wege zu finden, mit jeder Situation und jedem Umstand in deinem Leben, der dich provoziert, auf eine positive Weise umzugehen. Das bedeutet, dass es Zeiten geben wird, in denen du deine Zweifel, deinen Skeptizismus und deine Angst einfach außer Kraft setzen und eine Möglichkeit finden musst, wie du bejahen kannst, was vor sich geht. Finde etwas Gutes darin, dass du feiern kannst. Finde das Fünkchen Hoffnung, so klein und unscheinbar es auch sein mag, und richte deine Aufmerksamkeit darauf.
Tu so, als wärst du gerade zum Nachrichtensprecher für CNN oder die Tagesschau ernannt worden mit einer Blankovoll-

macht für die Nachrichten, die du berichten wirst. Melde die guten Nachrichten. Falls du das Gefühl hast, auch die schlechten berichten zu müssen, trage sie auf eine positive und hoffnungsvolle Weise vor.

Die Menschen müssen erkennen, dass Glücklichsein möglich ist. Sie hungern danach, in ihre Kraft zu kommen, und du entscheidest dich dafür, ihnen dabei zu helfen. Natürlich weißt du, dass Heilung ein Prozess ist und nicht über Nacht geschieht; aber du ermutigst sie dazu, am Ball zu bleiben.

Du verleugnest den Schmerz nicht. Du bringst Salbe und Verbandsmaterial für die Wunden. Du bestätigst den Wert des Lebens und unterstützt den Willen, zu leben, zu lernen und den Schmerz und die Angst in Akzeptanz und Liebe zu verwandeln.

Experimentiere einen Tag lang mit dieser Übung und schau, was passiert. Wenn du mutig bist, versuche sie eine Woche lang zu machen. *Schreibe die Ergebnisse in deinem Tagebuch auf.*

Wachse über das Drama hinaus

Shakespeare hat gesagt: »Die ganze Welt ist eine Bühne, und alle Männer und Frauen sind nur Schauspieler.«

Das Leben besteht zu 95 Prozent aus Drama und zu 5 Prozent aus Wesentlichem. Das bedeutet, dass wir überwiegend im Drama leben. Wir nehmen die Dinge sehr ernst und verbringen den größten Teil unserer Zeit damit, unbewusst auf die Ereignisse und Umstände in unserem Leben zu reagieren. Würden wir für einen Moment von der Bühne heruntersteigen, um zu schauen, wie sich das Drama entwickelt, würden wir sehen, wie absurd es ist. Wir würden erkennen, dass wir das Leben viel schwerer und komplizierter machen, als es sein müsste.

Wenn wir über dem Drama stehen, können wir das Wesentliche erkennen und ihm Beachtung schenken. Den Rest können wir einfach abperlen lassen. Wir lernen, uns auf das wirklich Wichtige zu konzentrieren, anstatt uns mit den Kleinigkeiten abzumühen. Dann werden selbst Haie zu kleinen Fischen.

Jeder muss für sich herausfinden, wie er von der Bühne steigen kann, um das, was vor sich geht, aus einer anderen Perspektive zu sehen. Sonst bleiben wir im Sumpf des Lebens stecken, und es wird schwer, zu Klarheit oder Frieden zu finden.

Das kann man auf ganz unterschiedliche Arten tun. Manchen Menschen hilft Meditation. Es kann zum gleichen Ziel führen, täglich einen langen Spaziergang zu machen. Wenn wir in die Berge gehen, am Fluss oder menschenleeren Strand entlangschlendern, fernab von allen Alltagsgeräuschen oder Anblicken, tanken wir körperlich, emotional, geistig und spirituell auf. Mir persönlich ist es unmöglich, deprimiert, hektisch oder selbstbezogen zu sein, wenn ich von hohen Bäumen, rauschendem Wasser, Wind oder Brandung umgeben bin. Die Klänge der Natur beruhigen meinen Körper, klären mein Denken, heben meine Gefühle an und erwecken meinen Geist. Während ich laufe, atme ich tief und lasse die Anforderungen und den Druck los, denen ich in meinem Leben ausgesetzt bin. Ich besinne mich darauf, wer ich wirklich bin, und verbinde mich wieder mit meinem innersten Sein. Dann kehre ich ausgeglichener in meinen Alltag zurück und habe Klarheit darüber, was wirklich wichtig ist.

Jeder muss sein tägliches Ritual entwickeln, das ihm hilft, seine Energie weg vom Kopf und in den Körper fließen zu lassen. Sonst kommen wir aus dem Gleichgewicht und werden gestresst. Die folgenden Fragen werden dir helfen, dir deine Möglichkeiten, über das Drama hinauszugehen, bewusst zu machen. *Schreibe die Antworten in dein Tagebuch.*

ꙮ Welche Rituale helfen dir, »herunterzukommen«, dich vom Kleinkram zu lösen und zu erkennen, was wirklich wichtig ist?

ꙮ Welche Rituale helfen dir, Stress abzubauen, die Bedürfnisse von Geist und Körper in Einklang zu bringen und dir Zeit zu nehmen, deine Gefühle zu verarbeiten, wenn sie hochkommen?

ꙮ Welche Rituale kannst du täglich praktizieren, um die Bühne hinter dir zu lassen und das Leben von einer höheren Warte aus zu sehen?

ꙮ Welche Rituale helfen dir, dich mit der geistigen Ebene zu verbinden und dich in deinem Wesenskern zu verankern?

Wenn deine Liste vollständig ist, wähle daraus ein tägliches Ritual, das du für die kommende Woche in dein Leben einbauen kannst. Beobachte dann, ob es einen Unterschied in deiner Lebensqualität ausmacht. Du kannst weitere Rituale hinzufügen oder die vorhandenen abändern, bis du die richtige Kombination für dich gefunden hast.

Woher weißt du, ob es funktioniert? Du erkennst es daran, dass dein Leben nicht länger todernst ist und du lockerer wirst und ein bisschen Spaß hast. Du siehst, dass es funktioniert, wenn du dich vom Kopf ins Herz bewegst und aufhörst, ge-

stresst und gereizt zu sein; wenn du Zeit hast, um durchzu-
atmen, Übungen zu machen und auf eine entspannte Weise
für dich und andere da zu sein.

Mach langsam, setze dich nicht unter Druck

Wir werden nicht heilen, wenn wir uns zu stark unter Druck
setzen oder meinen, keine Zeit mehr zu haben. Lass uns also
den Druck verringern und erkennen, dass wir eine Menge Zeit
haben.

Wir heilen, wenn wir bereit sind zu heilen, und keinen Tag
eher. Wir können den Prozess nicht beschleunigen.

Unsere Aufgabe ist lediglich, da zu sein und das zu tun, was
wir heute tun können. Denk daran: »Eine Reise von tausend
Meilen beginnt mit einem einzigen Schritt.« Mach den ersten
Schritt jetzt. Mach dir keine Gedanken über den zweiten oder
den dritten. Komm in dein Herz und setze einfach einen Fuß
vor den anderen.

Wenn du in den Kopf gehst und anfängst, dich überfordert zu
fühlen oder beunruhigt zu sein, nimm einen tiefen Atemzug
und frage dich: »Was kann ich *jetzt* tun?« Sage dir: »Das kann
ich jetzt tun, also werde ich mich darauf konzentrieren. Ich
werde mir keine Sorgen über Dinge machen, die ich jetzt nicht
erledigen kann. Ich vertraue einfach darauf, dass diese Dinge
in Angriff genommen werden, wenn die Zeit dafür gekommen
ist.«

Atme dann noch einmal tief ein und aus und komm wieder ins Herz.

Wenn du das *Gelassenheitsgebet* kennst, bete es häufig. Wenn du es noch nicht kennst, lerne es jetzt und beginne, es in deinem Leben anzuwenden.

Sage dir: »Es ist in Ordnung, dass ich nicht weiß, wie das alles enden wird, weil ich eines weiß, und das ist das Wichtigste: Ich weiß, dass ich in diesem Moment tue, was ich kann.«

Schreibe auf, was du tun kannst, um lockerer zu werden und sanfter mit dir zu sein. Wie kannst du dich entspannen und den Druck verringern, den du dir machst?

Lass dich nicht von anderen unter Druck setzen

Gelegentlich scheint der Druck von anderen auszugehen; sie haben gewisse Erwartungen an dich, die du nicht erfüllen kannst. Dann musst du für dich einstehen und Stellung beziehen. Du musst demjenigen, der die Erwartungen hat, sagen: »Es tut mir leid. Ich versuche mein Möglichstes, es zu schaffen, aber es geht nicht. Ich kann es nicht so machen, wie du es willst, bzw. ich kann es nicht in dem zeitlichen Rahmen bewerkstelligen, den du vorgegeben hast.«

Du musst anderen angemessene Grenzen setzen, damit du frei atmen und du selbst sein kannst. Die Menschen werden diese Grenzen entweder akzeptieren oder auch nicht. Tun sie es nicht, musst du deutlicher werden. Sollte dein Chef weiterhin unrealistische Anforderungen stellen, musst du ihm vielleicht ein Ultimatum setzen. Du bist schließlich auch nur ein Mensch. Das Beste, was du tun kannst, ist das Beste, was es gibt. Schluss, aus. Du kannst nur tun, was möglich ist …

Manchmal müssen wir alle einfach einmal tief einatmen und hörbar ausatmen. Manchmal haben wir nicht nur an uns selbst unmögliche Erwartungen, sondern auch an unseren Partner, unsere Kinder oder an unsere Angestellten.

Du möchtest doch kein Sklaventreiber werden, denn wenn du dich selbst so unter Druck setzt, wirst du krank werden oder einen Herzinfarkt bekommen. Und wenn du andere so unter Druck setzt, verlierst du ihre Loyalität und Zuneigung. Das wird schließlich in einer Scheidung enden, deine Kinder werden sich von dir abwenden, und deine Angestellten werden dich verlassen.

Druck funktioniert nicht, ob er nun von außen oder von innen kommt. Du musst also herausfinden, woher der Druck kommt, und dich damit auseinandersetzen. Du musst dein Tempo verringern und entspannter mit dir und anderen umgehen. Du musst innehalten und schauen, was vor sich geht. Vielleicht musst du dein Ziel überdenken, deine Vorgehensweise oder den Zeitrahmen verändern.

Komm in deine Mitte und stimme dich darauf ein. Hole dein Tagebuch hervor, um aufzuschreiben, woher der Druck in deinem Leben kommt und wie du ihn abbauen kannst. Wie kannst du das Dynamit auflösen, bevor das Streichholz gezündet wird?

Sich selbst stärken und vergeben

Stärke dich

Menschen sind soziale Wesen, dennoch brauchen wir alle mindestens eine Stunde am Tag, die wir allein verbringen. Die wahre Bedeutung von allein ist »all eins«. Zeit allein zu verbringen bedeutet, unsere Ganzheit zu erfahren. Es bedeutet, zu wissen, dass wir genügen, dass wir annehmbar und vollständig sind – so, wie wir sind.

Das geht am besten beim stillen Sitzen oder Gehen. Wenn wir nicht mit anderen sprechen oder uns mit ihnen beschäftigen, können wir beginnen, uns von innen nach außen zu erleben.

Falls du dich das gefragt haben solltest: Man kann das nicht gut üben, während der Fernseher oder das Radio läuft. Du willst die meisten äußeren Reize ausschalten. Du willst in der Lage sein, zu atmen und zu *sein*. Du willst, dass sich der Fokus deiner Aufmerksamkeit vom Kopf ins Herz oder in den Bauch verlagern kann.

Rhythmisches Atmen kann dir helfen, dich auf diese Weise zu zentrieren. Ob du nun sitzt oder gehst – deine Atmung sollte entspannt und gleichmäßig sein. Finde zu einem einfachen Rhythmus, den du mühelos beibehalten kannst. Während du so atmest, gelangst du in einen immer tiefer werdenden Bewusstseinszustand.

In diesem Zustand bist du völlig entspannt. Stress und Sorgen lösen sich auf. Du bewegst dich vom Zustand des Denkens in einen Zustand des Atmens und Seins. Du kommst vom Kopf in dein Herz. Du verbindest dich mit dir auf einer tieferen Ebene als bei jeder anderen Aktivität.

Dein Geist ist wach, aber auf nichts anderes fokussiert. Da ist nur der Zeuge oder Beobachter.

Wenn du sitzt, ist dein Körper entspannt, und alle Zellen laden sich wieder auf, wie im Schlaf. Dennoch bist du gleichzeitig wach und präsent. Während du gehst, bewegt sich dein Körper in einem langsamen, natürlichen Rhythmus. Du bist körperlich entspannt und geistig wach.

Praktiken wie Yoga, Tai-Chi und verschiedene Formen der Meditation können dir helfen, diese tiefe Entspannung, Stille und inneren Frieden zu erfahren. Eine formelle Praxis ist jedoch nicht notwendig.

Fang einfach an, jeden Tag eine halbe Stunde oder eine Stunde in stiller Selbstverbundenheit zu verbringen. Konzentriere

dich auf deine Atmung und nutze sie, um zu entspannen und auf eine tiefere Ebene des Bewusstseins zu gelangen. Lass dies eine Zeit sein, in der du dich wertschätzt und bejahst, Atemzug für Atemzug, Schritt für Schritt.
Schreibe deine Erfahrungen in dein Tagebuch.

Stärke deinen Partner

So, wie es für dich wichtig ist, Zeit allein zu verbringen, um dich zu stärken und dich mit deinem Innersten zu verbinden, ist es auch wichtig, dass du und dein Partner täglich Gemeinschaft miteinander habt und ihr euch gegenseitig stärkt.

Paare, die zusammenleben, sollten sich mindestens 15 Minuten am Tag Zeit nehmen, um sich auszutauschen und einander still zuzuhören. (Siehe die *Affinity*-Gruppenregeln auf meiner Webseite. Oder lies mein Buch »Im Herzen leben«.) Eine weitere hilfreiche Übung ist, sich für eine Viertelstunde an den Händen zu halten (mit geöffneten oder geschlossenen Augen), um die Herzenergie durch die Hände in das Herzchakra des anderen fließen zu lassen. Weitere verbindende Gewohnheiten können gegenseitige Massagen, gemeinsames Spazierengehen in der Natur und das Liebemachen auf eine entspannte, sinnliche, für beide erfüllende Weise sein. Gute Beziehungen erfordern Zeit, Aufmerksamkeit und liebevolle Zuwendung. Tägliche und wöchentliche Rituale, die diese Art der Zuwendung und Aufmerksamkeit fördern, sind notwendig, damit die Partner sich nahe und auf eine vertraute Weise miteinander verbunden bleiben.

Wähle eine Übung, die du regelmäßig täglich durchführen kannst, und nimm dir genügend Zeit für ein Feedback von deinem Partner.

Notiere deine Erfahrungen im Tagebuch und schildere, inwiefern diese Übungen deine Beziehung stärken und stützen.

Die Kraft der Vergebung

Die meisten unserer Verletzungen und Traumata erfordern einerseits Selbstvergebung und andererseits die Vergebung von anderen, um heilen zu können. Wir können in der Gegenwart nicht glücklich sein, solange wir die Vergangenheit mit uns herumschleppen. Wir müssen unsere Last abwerfen, damit wir lebendig und voll und ganz im Jetzt sein können.

Verletzungen sind Traumata, die eingestanden und vergeben werden müssen. Beides ist unabdingbar für den Prozess der Heilung. Leugnest du deine Verletzungen, kannst du nicht glücklich sein, weil du von der damit einhergehenden Beschämung, der Angst und Wut getrieben wirst. Wenn du aber die Geschichte kennst und den Schmerz oder die Verletzung fühlst, ist es an der Zeit, zu heilen und zu vergeben.

Viele kommen vom Weg ab, wenn sie versuchen, andere für den erfahrenen Schmerz verantwortlich zu machen. Es verzögert aber den Heilungsprozess und macht ihn häufig schwieriger, wenn wir anderen die Schuld geben.

Manche Menschen sind ohne Weiteres bereit, anderen zu vergeben; sie sind aber nicht in der Lage, sich selbst zu vergeben. Sie halten an ihren Fehlern fest, die sie in der Vergangenheit gemacht haben. Das hemmt und erschwert ebenfalls den Heilungsprozess.

Unabhängig davon, um welche Verletzung es sich handelt: Du musst deinen Frieden damit machen – einfach weil es geschehen ist. Du kannst nicht ändern, was in der Vergangenheit geschah. Du musst es akzeptieren. Indem du akzeptierst und vergibst, ermöglichst du es, heilen und weitergehen zu können. *Schreibe in dein Tagebuch, in welchen Bereichen deines Lebens du dir selbst oder anderen noch nicht vergeben hast. Die folgenden Übungen werden dir helfen, es zu tun.*

Einfache Übungen, um zu vergeben

In diesen Übungen wirst du aufgefordert, eine Liste der Themen und Ereignisse zu erstellen, die du noch nicht vergeben hast. Verwende für jede Übung so viele Blätter, wie du brauchst.

Erste Übung: Anderen vergeben

Schreibe die Namen der Menschen, denen zu vergeben du bereit bist, gemäß dem folgenden Muster auf – außerdem die Art der Verletzung, die sie dir jeweils zugefügt haben.

»Ich bin bereit, _ _ _ (Name) zu vergeben, dass _ _ _ (Art der Verletzung).«

»Ich bin bereit, _ _ _ (Name) für _ _ _ (Art der Verletzung) zu vergeben.«

Zweite Übung: Andere um Vergebung bitten

Schreibe jetzt die Namen all der Menschen auf, die du verletzt hast – und wofür du um Vergebung bittest.

»Ich bitte _ _ _ (Name), mir zu vergeben, dass _ _ _ (Art der Verletzung).«
»Ich bitte _ _ _ (Name), mir für _ _ _ (Art der Verletzung) zu vergeben.«

Die oben stehenden Ausführungen sind deine Erklärung gegenüber dir selbst und der Welt, dass du bereit bist, zu vergeben und Vergebung zu empfangen für das, was in der Vergangenheit geschehen ist. Sobald du diese Worte einmal aufgeschrieben hast, bist du für sie verantwortlich; schreibe also nichts auf, wozu du nicht stehen kannst.

Von jetzt an erklärst du dich bereit, für die Vergebung all dessen offen zu sein, sooft sich die Gelegenheit dafür bietet. Vielleicht setzt du dich mit einigen dieser Menschen in Verbindung, vielleicht auch nicht. Aber wenn sie in dein Leben treten, ganz gleich, ob die Begegnung geplant war oder nicht, erinnere dich an diese Worte und halte dich daran.

Mach dich nicht davon abhängig, ob andere sich dazu entschließen, dir zu vergeben. Das ist ihre Entscheidung. Du kannst dich bei ihnen entschuldigen und sie um Vergebung bitten, aber es liegt an ihnen, ob sie vergeben wollen, und sie müssen mit der Wahl leben, die sie treffen.

Du hast nur Einfluss auf das, was dich betrifft. Du kannst dich dafür entscheiden, den Menschen zu verzeihen, die dich verletzt haben. Wenn du ihnen gegenüber zunächst deine Wut und deinen Schmerz äußern musst, dann tu es. Und dann sage ihnen, dass du keinen Groll mehr gegen sie hegst. Dann lass los und lass sie gehen. Lass ihnen die Freiheit, das Leben zu leben, das sie für sich wählen. Du bist nicht mehr von den Entscheidungen abhängig, die sie jetzt oder in Zukunft treffen. Wenn Wut oder Groll wieder aufflammen, bedarf es weiterer Vergebung. Der Prozess der Vergebung braucht seine Zeit, denn die Verletzungen gehen oft sehr tief. Erwarte nicht, dass es nur 5 Minuten erfordert, tiefsitzende psychische Muster loszulassen, die sich über 20 oder 30 Jahre aufgebaut haben. Fahre einfach damit fort, zu vergeben, wenn eine weitere Schicht zum Vorschein kommt, die geheilt werden will.

Dritte Übung: Dir selbst vergeben

Anderen zu vergeben ist nur der Anfang dieses Prozesses. Am schwersten ist es, dir selbst zu vergeben. Jegliche Vergebung läuft letztendlich darauf hinaus. Du kannst allen vergeben, die dich verletzt haben, und sie können dir ihrerseits deine Übergriffe vergeben – aber solange du dir selbst nicht vergibst, gibt es keine vollständige Heilung.
Schreibe auf, was du bereit und willens bist, dir selbst zu vergeben.

»Ich bin bereit, mir _ _ _ zu vergeben.«
»Ich bin bereit, mir zu vergeben, dass _ _ _.«

Vierte Übung: Am inneren Widerstand arbeiten, anderen zu vergeben

Falls du einen Widerstand spürst, anderen zu vergeben, mach ihn dir bewusst, indem du die Sätze nach dem unten stehenden Muster formulierst. *Sei bitte ehrlich und schreibe die Namen all derer auf, die du noch immer beschuldigst, denen gegenüber du noch Groll hegst und denen du ungern vergeben möchtest.*

»Ich bin nicht bereit, _ _ _ (Name) zu vergeben, dass _ _ _.«
»Ich bin nicht bereit, _ _ _ (Name) für _ _ _ zu vergeben.«

Fünfte Übung: Arbeite am Widerstand, dir selbst zu vergeben

Wenn es dir sehr widerstrebt, dir selbst zu vergeben, mach dir diesen Widerstand bewusst, indem du die Sätze nach dem folgenden Muster formulierst. *Mach eine Aufstellung von allem, was du dir nicht vergeben willst.*

»Ich bin nicht bereit, mir selbst zu vergeben, dass _ _ _.«
»Ich bin nicht bereit, mir selbst für _ _ _ zu vergeben.«

Die beiden vorausgegangenen Übungen zeigen dir deine künftigen Hausaufgaben. Mit der Zeit wirst du an diesen Punkt kommen.

Die Arbeit der Vergebung ist eine Herausforderung. Nur selten geht sie schnell oder sauber vonstatten. Sie ist häufig ein lebenslanger Prozess mit Höhen und Tiefen und manchen unschönen Momenten.

Es ist nicht einfach, zu vergeben, und häufig wollen wir es auch nicht. Aber früher oder später merken wir, dass die Weigerung, zu verzeihen, wie ein riesiger Felsbrocken auf unserem Herzen liegt. Sie macht uns das Atmen sehr schwer. Ein Leben ohne Vergebung ist kein glückliches Leben.

Greife also hin und wieder – vielleicht ein oder zwei Mal im Monat – zu deinem Tagebuch und schau dir die Liste der Menschen an, denen du noch nicht vergeben konntest, sowie die Gründe, weshalb du dir selbst nicht vergeben kannst, und frage dich: »Bin ich bereit, irgendeinem dieser Menschen zu vergeben? Bin ich bereit, mir selbst zu vergeben?«

Eines Tages wird die ehrliche Antwort ein »Vielleicht« sein. Das ist der Wendepunkt.

Alles wird viel leichter, wenn du bereit und willens bist, zu vergeben. Du spürst allmählich, dass sich wirklich etwas verändert. Du beginnst, dich leichter zu fühlen. Du fängst an, Hoffnung zu haben, dass eine echte Veränderung möglich ist.

Der Felsbrocken auf deinem Herzen wird kleiner, und du kannst endlich aufatmen. Glaube mir: Das ist ein Meilenstein auf deiner Reise.

Hindernisse auf dem Weg

Verleugnung und Anhaftung

Es gibt zwei grundlegende Hindernisse auf dem Heilungsweg: zum einen die Verleugnung unserer Verletzungen, zum anderen das Festhalten an unseren Verletzungen.

Das erste Hindernis blockiert uns, die ersten wichtigen Schritte zu tun. Es hindert uns daran, unseren Schmerz zu spüren und die Wunde, von der er ausgeht, zu untersuchen.

Das zweite Hindernis hält uns in der Anfangsphase der Heilung gefangen. Wir hängen an unserem Schmerz und machen unsere Wunde zu unserer Identität. Das hält uns davon ab, heil zu werden, aus der Opferrolle heraus und in unsere Kraft zu kommen.

Manche verleugnen ihre Verletzung. Andere verherrlichen sie. Beides ist nicht hilfreich.

Wir untersuchen die Wunde, damit wir sie verstehen und heilen können. Wir gehen durch unseren Schmerz – aber nicht, um darin stecken zu bleiben, sondern um auf der anderen Seite herauszukommen. Das ist wichtig. Wir kommen auf unserer Heilungsreise nicht weiter, wenn wir nicht »durch unseren Schmerz gehen«. Am Ende müssen wir vergeben und loslassen.

Bitte beschreibe in deinem Tagebuch, inwiefern sich diese Themen von Verleugnung und Anhaftung in deinem Leben äußern. Gibt es einen Schmerz, den du verleugnest? Gibt es eine Verletzung, an der du festhältst?

Die alte Maske wurde konstruiert, um deinen Schmerz zu verbergen. Hast du eine neue Maske geschaffen, um deinem Schmerz ein Denkmal zu setzen und von anderen bemitleidet zu werden?

Sucht ist eine Form der Verleugnung

Viele Menschen möchten ihren Schmerz nicht spüren. Wir wollen unsere Gefühle nicht fühlen und nicht so sein, wie wir sind, weil das bedeuten würde, dem Schmerz direkt zu begegnen.

Was tun wir also? Wir greifen nach etwas, das unmittelbar Befriedigung bietet. Das mag ein Drink, ein Joint oder eine Tablette sein. Vielleicht ist es ein Orgasmus oder ein Stück

Schokoladenkuchen. Wir suchen nach »Vergnügung«, um unserem Schmerz zu entfliehen, oder wir versuchen, unseren Schmerz zu ignorieren, indem wir uns zwanzig Stunden täglich in der Arbeit vergraben. Jeder hat seine eigene Flucht- oder Vermeidungsstrategie.

Ist dieses Verhalten die Ursache unseres Elends? Wahrscheinlich nicht. Es ist eher ein Symptom. Die Ursache ist unsere Ursprungswunde – die Verletzung, die dazu geführt hat, dass wir uns in eine Embryonalhaltung zusammenrollen. Um uns zu schützen, versuchten wir, unser Herz zu verschließen. Wir haben eine Mauer um unseren Emotionalkörper errichtet. Die Mauer sieht bei jedem anders aus, aber alle Süchte und Abhängigkeiten sind ein Teil von ihr. Um heilen zu können, müssen wir die Mauer abbauen. Wir müssen aufhören, uns zu Tode zu arbeiten oder Drogen einzunehmen. Wir müssen unsere Vermeidungsstrategie aufgeben, die dazu führt, dass unser Schmerz erstarrt und verschlossen bleibt.

Es mag sein, dass »high« zu werden unseren Schmerz für eine Weile in Zaum hält, aber wenn wir abhängig werden und unser Leben allmählich auseinanderfällt, wird unser Schmerz noch viel größer als seinerzeit, da wir noch nicht nach der Tablette oder der Flasche gegriffen hatten. Drogenmissbrauch ist eine Einbahnstraße und ein Umweg. Letztendlich müssen wir zurückkommen und genau das tun, wovor wir vorher Angst hatten: Wir müssen unseren Schmerz in vollem Umfang spüren.

Bitte schreibe in dein Tagebuch, inwiefern du Substanzen anwendest, um deinen Schmerz nicht fühlen zu müssen. Gibt es eine Abhängigkeit oder Sucht – wenn auch nur ansatzweise –, die du noch nicht angegangen hast?

Echte Genesung

Dank der Zwölf-Schritte-Programme haben die meisten Menschen Zugang zu Hilfe bei Abhängigkeiten. Der Ausstieg aus der Sucht ist aber nur der erste Schritt zur Heilung. Echte Genesung bedeutet nicht nur, »keine Drogen mehr zu nehmen«, sondern dem Schmerz zu begegnen, der sich hinter der Sucht verbirgt. Dieser Schmerz war es, dem wir auszuweichen suchten. Da wir jetzt keine Substanzen mehr konsumieren, müssen wir uns unserem Schmerz stellen, sonst werden wir die Ursache unserer Abhängigkeit nicht heilen.

Sucht ist eine Mauer, die wir zwischen uns und unserem Schmerz hochziehen. Wenn wir von unserer Sucht genesen, müssen wir lernen, diese Mauer abzubauen. Tun wir das nicht, werden wir uns zwar von unserer Sucht erholen, aber nicht von unserem Schmerz. Echte Heilung wird nicht möglich sein. Ich darf euch daran erinnern, dass der Missbrauch von Substanzen nur eine der möglichen Formen der Verleugnung unseres Leidens ist. Es gibt viele weitere. Wir können uns in Arbeit vergraben, hinter dem Geld herjagen, unentwegt fernsehen oder im Internet surfen.

Alles, was uns in den Kopf bringt und von unserem Herzen entfernt, kann ein Werkzeug der Verleugnung sein. Wir können uns in neue Abhängigkeiten begeben oder andere Zwänge entwickeln, die an die Stelle der bisherigen treten. Wenn wir unseren Schmerz nicht spüren wollen, werden wir es nicht tun. Wir werden die Mauer aufrechterhalten und den Schmerz dahinter verschlossen halten.

Vielleicht zwang uns das Ausmaß unserer Sucht dazu, unsere Maske abzunehmen. Lasst uns keine neue hernehmen. Selbst die Genesung kann eine Maske sein, die wir tragen, um unseren Schmerz verborgen und in Zaum zu halten. Wenn wir vollständig heilen wollen, müssen wir der Versuchung widerstehen, eine neue Maske aufzusetzen. Wir müssen bereit sein, nackt, verletzlich, sichtbar und ohne Maske dazustehen. Dann können wir anfangen, die Mauer abzubauen und unseren Schmerz anzuschauen.

Wenn Sucht und Abhängigkeit ein Thema für dich ist, schreibe bitte in dein Tagebuch, was du diesbezüglich herausgefunden und verstanden hast und was echte Genesung für dich bedeutet.

Nichts forcieren

Menschen in der Genesungsphase wissen, dass sie langsam vorgehen müssen. Wir können den Heilungsprozess nicht schneller durchlaufen, als er eben braucht. Also müssen wir viel Geduld mit uns selbst und anderen haben.

Wenn wir es zu eilig haben, riskieren wir, wichtige Schritte zu überspringen. Und weil wir Schritte überspringen, bleiben manche Bereiche ungeheilt.

Das ist in Ordnung. Wir werden trotzdem versuchen, einige Schritte zu überspringen, und dann am eigenen Leib erfahren müssen, dass Eile lediglich eine große Zeitverschwendung ist. Jeder von uns hat schon versucht, die Strömung zu beschleunigen oder gegen den Strom zu schwimmen, aber irgendwann sehen wir ein, dass das nicht funktioniert. Wir müssen »mit dem Strom« schwimmen. Alles andere verstärkt unsere Frustration nur noch mehr und frisst unsere Energie.

Der Heilungsprozess ähnelt tatsächlich einem Fluss. Manchmal schlängelt er sich und scheint zu sich selbst zurückzuführen. Dann wieder kommt er geräuschvoll und wild daher und räumt alle Hindernisse aus dem Weg.

Wir müssen auf alles vorbereitet sein; es ist aber auch wichtig, für das empfänglich zu sein, was jetzt, in diesem Moment geschieht.

Für diejenigen, die heil werden möchten, ist das Jetzt die wichtigste Zeit, denn Heilung geschieht nicht in der Vergangenheit. Sie geschieht in der Gegenwart. *Jetzt* ist die Zeit, um zu heilen. *Jetzt* ist die Zeit, um zu vergeben.

Schreibe in dein Tagebuch, inwieweit du für deinen Heilungsprozess Geduld aufbringst oder wo es dir an Geduld mangelt: Womit hast du versucht, Druck auf dich oder andere auszuüben, um zu heilen? Was kam dabei heraus?

Was uns hindert, zu heilen und in unsere Kraft zu kommen

Das Hindernis: Wir verleugnen unseren Schmerz oder haben Schwierigkeiten, Zugang zu ihm zu bekommen.
Manchmal ist unser Schmerz ziemlich tief verschüttet. Wir entwickeln die Maske eines starken Erwachsenen, einschließ-

lich aller damit einhergehenden Fähigkeiten, mit denen wir unseren Schmerz verdecken. Möglicherweise wissen wir, was uns als Kind verletzt hat, haben aber keinen Zugang zu den damit verbundenen Gefühlen. Wir lernen, im Kopf zu sein und alles rational zu erklären. Wir können über unseren Schmerz sprechen, aber wir können ihn nicht fühlen.
Schreibe in dein Tagebuch, ob das für dich ein Hindernis ist, und wenn Ja, beschreibe, wie du damit umgehst.

Das Hindernis: **Wir laufen vor unserem Schmerz weg.**
Einige von uns haben keine Schwierigkeiten, Zugang zu ihrem Schmerz zu bekommen – wir sind aber von seiner Intensität überrascht. Unsere Tränen brechen aus der Tiefe hervor, und oftmals fühlen wir uns überwältigt. Wenn andere unseren emotionalen Ausbruch mitbekommen, kann das demütigend sein, uns verlegen machen, oder wir fühlen uns bloßgestellt. Da das Flüchten unser übliches Verhaltensmuster ist, sobald wir Angst bekommen, streben wir den Ausgängen zu. Wir schleichen uns aus der Gruppe, satteln unser Pferd und galoppieren davon.
Schreibe in dein Tagebuch, ob das ein Hindernis für dich ist, und falls es auf dich zutrifft: Wie gehst du damit um?

Das Hindernis: **Wir bleiben in der Anschuldigung stecken.**
Manchmal verbeißen wir uns darin, diejenigen zu beschuldigen, die uns verletzt haben. Wir meinen, wir seien im Recht, indem wir sie ins Unrecht setzen. Wir glauben, so unsere Unschuld wiederherstellen zu können. Aber das funktioniert nicht. Anderen Schuld zuzuweisen, befreit uns nicht von unserem Schmerz. Tatsächlich verstärkt es unseren Schmerz nur noch

und wird zu unserer Rechtfertigung dafür, dass wir an ihm festhalten. Und so verzögert sich unsere Heilung.

Wir können nicht heil werden, solange wir nicht akzeptieren, was geschehen ist, uns selbst für unseren Anteil daran vergeben und aufhören, die Täter zu beschuldigen.

Natürlich ist unsere Vergebung nicht in erster Linie ein Geschenk an sie, sondern an uns. Indem wir ihnen verzeihen, geben wir uns selbst die Erlaubnis, zu heilen und voranzugehen.

Schreibe in dein Tagebuch, ob das ein Hindernis für dich ist, und falls Ja: Wie gehst du damit um?

Das Hindernis: **Wir bleiben Opfer oder Täter.**

Wenn wir uns weigern, unseren Wunden mit Liebe zu begegnen, bleiben wir Opfer oder Täter. Wir hacken auf uns selbst oder auf anderen herum. Die meisten Menschen auf diesem Planeten gehören zu einer dieser beiden Kategorien. Entweder sie geben ihre Kraft und Verantwortung an andere ab, oder sie nehmen anderen die Kraft und Verantwortung auf unangemessene Weise ab.

Opfern fehlt es an Vaterenergie, weshalb sie nicht für sich einstehen können. Tätern fehlt die Mutterenergie, und sie können nicht für sich selbst sorgen. Normalerweise ziehen Opfer Täter an, und Täter ziehen Opfer an. Es sieht so aus, als wäre das ein tödliches Arrangement – in Wahrheit aber ist es der Schmelztiegel, in dem jeder lernt, was er oder sie zu lernen hat. Opfer lernen, »Nein!« zu Missbrauch, Manipulation und Kontrolle zu sagen, während Täter lernen, »Ja!« zu Aufbauendem, zu Selbstannahme und Liebe zu sagen.

Schreibe in dein Tagebuch, ob das ein Hindernis für dich ist, und falls Ja: Wie gehst du damit um?

Das Hindernis: Wir haben das Gefühl, etwas Besonderes zu sein, oder machen andere zu etwas Besonderem.

Wir vergleichen uns mit anderen und meinen, unsere Gabe sei weniger wert oder aber besser als die Gabe anderer. Indem wir unsere Gabe entweder unter- oder überbewerten, wird es schwierig, sie erfolgreich einzubringen. Im ersten Fall vertrauen wir nicht auf unsere Gabe, oder es fehlt uns das Selbstvertrauen, sie mit andern zu teilen. Im zweiten Fall drängen wir anderen die Gabe auf, selbst wenn sie gar kein Interesse daran haben, sie zu empfangen.

Um ein gesundes Verhältnis zu unserer Gabe entwickeln zu können, müssen wir sie dankbar akzeptieren und sie auf natürliche und spontane Weise weitergeben. Wir werden unsere Talente und Fähigkeiten weder herunterspielen noch aufbauschen. Wir erkennen, dass jeder besonders ist, aber keiner besser ist als ein anderer.

Beschreibe jede Tendenz von dir, deine Gabe mit der Gabe anderer zu vergleichen.

Das Hindernis: Wir sind ungeduldig und versuchen, Schritte zu überspringen.

Das Ego übernimmt die Führung bei unserem Heilungsprozess und versucht, uns schneller voranzubringen, als es uns möglich ist. Es macht großen Druck, damit wir schnellstmöglich zum Ziel kommen.

Das führt dazu, dass wir uns nicht die Zeit nehmen, um zu üben oder neue Fähigkeiten zu erlernen. Wir versuchen, Schritte zu überspringen, und fallen dabei auf die Nase. Ein Scheitern ist unweigerlich der Preis für Angeberei, Achtlosigkeit und mangelhafte Vorbereitung. Im Allgemeinen führen übermäßige Erwartungen und ein Mangel an Geduld für den Prozess dazu, dass unsere Seifenblase platzt.

Wenn die Heilung gelingen soll, müssen wir zuerst gehen lernen, bevor wir rennen können. Wir müssen üben und Geschick und Fertigkeiten erwerben. Dann können wir auf unser Ziel zusteuern.

Schreibe in dein Tagebuch, ob das ein Hindernis für dich ist, und falls Ja: Wie gehst du es an?

Das Hindernis: **Wir schieben Dinge auf.**

Angst hält uns zurück. Wir übertreiben im Hinblick auf die Schwierigkeit dessen, was von uns verlangt wird, und setzen uns unter großen Druck. Das führt dazu, dass wir blockiert sind. Wir schieben auf. Wir können nicht einmal den ersten Schritt machen. Also müssen wir uns in kleinen Schritten auf unser Ziel zubewegen, damit wir uns von der anstehenden Aufgabe nicht überfordert oder eingeschüchtert fühlen.

Schreibe auf, ob das Aufschieben eines deiner Hindernisse ist, und falls Ja: Wie gehst du es an?

Das Hindernis: **Wir halten an unserer gegenseitigen Abhängigkeit fest.**

Obwohl wir geheilt sind, halten wir vielleicht an den Krücken fest, die wir in der Vergangenheit genutzt haben. Wenn unsere Wunde aber wirklich geheilt ist, brauchen wir diese Krücken nicht mehr. Wir können sie wegwerfen und loslaufen. Das mag zunächst ein bisschen schwerfallen, es wird aber mit jedem Schritt leichter.

Es erfordert Mut und Entschlossenheit, selbstständig zu werden, wenn wir es gewohnt sind, von anderen abhängig zu sein.

Aber wir müssen diese Angst überwinden. Wir müssen die Erfahrung machen, dass es keine Katastrophe ist, einen Fehler oder einen falschen Schritt zu machen.

Babys würden nie laufen lernen, wenn sie nicht damit umgehen könnten, dass sie anfangs immer wieder hinfallen. Das ist auch bei Erwachsenen nicht anders: Wir müssen lernen, es selbst zu tun, auch wenn es uns schwerfällt und wir anfangs straucheln. Wenn wir durchhalten, werden wir die unvermeidlichen Stürze und Missgeschicke überstehen. Wir werden geschickter und belastbarer, und unser Selbstvertrauen wächst. Mit Vertrauen und Geduld werden wir allmählich in die Fülle unserer Kraft und unseres Lebenszwecks gelangen.

Schreibe auf, ob gegenseitige Abhängigkeit ein Hindernis für dich ist, und falls Ja: Wie gehst du es an?

Das Hindernis: **Wir versuchen, zu kontrollieren; wir stellen uns in den Weg.**

Wir vergessen, dass sich der ewige, grenzenlose Geist durch uns ausdrückt. Wir glauben, derjenige zu sein, der die Flöte zum Klingen bringt, und dann hört der Ton auf. Auf diese Weise erinnert uns der Geist daran, dass nichts dergleichen ohne unsere Hingabe geschehen kann.

Wir sollten nicht überrascht sein, wenn das Ego aufkreuzt und wir die Kontrolle übernehmen wollen. Wir sollten uns nicht wundern, wenn wir selbstsüchtig werden und persönliche Anerkennung erhalten wollen. Das wird passieren.

Keiner von uns ist vollkommen geheilt. Es gibt immer noch Überbleibsel unseres Gefühls der Wertlosigkeit, die in uns lauern. Diese Überreste werden weiterhin an die Oberfläche kommen, damit wir sie heilen können. Jedes Hindernis, das der Liebe im Weg steht, muss beseitigt werden, wenn der Kanal ganz rein werden soll.

Der Dienst an anderen gibt uns Gelegenheit dazu, Liebe immer tiefer zu erfahren. Er verlangt uns aber auch etwas ab. Wir müssen uns dem Göttlichen überlassen und darauf vertrauen, dass es mit und durch uns wirkt. Wir müssen aufhören, uns in den Weg zu stellen.

Schreibe auf, ob Kontrolle ein Hindernis für dich darstellt, und falls Ja: Auf welche Weise arbeitest du daran?

Das Hindernis: Wir beginnen an unseren Gaben zu hängen. Die Gabe wird uns im Vertrauen gegeben, dass wir sie bewahren, nähren, entwickeln und letztendlich zum Ausdruck bringen. Sie ist aber nicht per se *unsere* Gabe. Wir sind derjenige, der das Geschenk weitergibt, wir sind nicht sein Schöpfer. Die Gabe kommt vom Geist. Sie fließt nur durch uns.

Wir wissen nicht, wo und auf welche Weise sich die Gelegenheit bieten wird, unsere Gabe weiterzugeben. Unsere Aufgabe ist lediglich, bereit zu sein, wenn sie sich ergibt. Wir wissen auch nicht, auf welche Weise die Gabe gegeben oder empfangen wird. Unsere Aufgabe besteht darin, zu vertrauen, dass das auf angemessene Weise geschehen wird, und zwar auch dann, wenn es nicht unseren Erwartungen entspricht.

All unsere Erwartungen stehen dem Vorgang des Gebens und Empfangens im Wege. Wenn wir auf eine bestimmte Art und Weise geben möchten, fällt es schwer, zu geben. Möchten wir auf eine bestimmte Weise empfangen, ist es schwer, zu empfangen. Es ist unmöglich, das Geschenk zu geben und es gleichzeitig zu behalten. Um es weitergeben zu können, müssen wir es loslassen.

Schreibe auf, ob Festhalten eines deiner Hindernisse ist; falls das zutrifft: Auf welche Weise überwindest du das?

Das Hindernis: Wir versuchen, unser Ego zu füttern.

Unsere Gabe ist nicht dazu da, unser Ego aufzublähen. Wenn wir sie dafür benutzen wollen, wird es nicht leicht sein, sie mit anderen zu teilen. Die Gabe ist uns nicht gegeben, um uns selbst zu dienen, sondern anderen.

Unsere Gabe wird uns keine persönliche Anerkennung einbringen, und falls doch, dann hat das seinen Preis. Wir täten gut daran, weder an Ruf noch an Ruhm zu hängen, selbst wenn die Gabe damit einherzugehen scheint.

Unsere Gabe wird uns nicht gegeben, um uns über andere zu erheben, sondern um andere zu erheben. Wenn wir so tun, als ginge es dabei um uns anstatt um sie, werden wir die Gabe in ein Schwert verwandeln, das unsere Wunde der Unwürdigkeit noch vergrößert.

Für die meisten ist das keine einfache Lektion. Wir müssen damit aufhören, uns zu brüsten, und uns fleißig daran machen, die Zweige des Baumes zurückzuschneiden. Harte Arbeit sorgt für eine gute Ernte. Wenn wir demütig sind und mit anderen zusammenarbeiten, verströmt sich die Gabe mühelos. Auf diese Weise geschehen Wunder.

Schreibe auf, ob dieses Thema ein Hindernis für dich darstellt, und falls Ja: Wie begegnest du ihm?

Selbsteinschätzung und Rückblick

Erwachen

Erwachen bedeutet für die meisten von uns, die Überzeugung, ein Opfer zu sein, hinter sich zu lassen und zu der Erkenntnis zu gelangen, dass sie Schöpfer ihres Lebens sind. Es bedeutet, die Selbstanklagen und Vorwürfe gegenüber anderen aufzugeben, um die eigene Unschuld und die der anderen zu entdecken. Es bedeutet, sich von den Mustern des Selbstbetrugs wegzubewegen, in ein neues Leben, in dem wir uns und andere als einzigartige menschliche Wesen würdigen, die es wert sind, geliebt und angenommen zu werden. Wenn du auf den Anfang deiner Heilungsreise zurückblickst: Wo stehst du deiner Meinung nach jetzt? Was ist der nächste Schritt auf deiner Reise, und wie willst du ihn unternehmen?

Wie wir uns und andere betrügen

Die Geschichte des Selbstbetrugs stellt sich bei jedem ein bisschen anders dar, aber wir können das Territorium grob umreißen. Einige Orientierungspunkte sind:

Wir leugnen unseren Schmerz.
Wir tun so, als hätten wir keinen Schmerz, wir behandeln

ihn mit Medikamenten oder Alkohol oder betäuben ihn mit Arbeitssucht, Sexsucht oder anderen Zwangsverhalten.

Wir verbergen unsere Scham / unser Minderwertigkeitsgefühl.
Wir verurteilen uns scharf, leiden aber insgeheim. Wir lassen andere nicht wissen, wie schlecht wir uns fühlen. Wir haben das Gefühl, nicht dazuzugehören oder nicht wie andere zu sein. Es scheint, als wären sie glücklich und ausgeglichen, während wir das Gefühl haben, dass mit uns etwas nicht stimmt. Wie eine lockere oder falsch platzierte Schraube: Sie klappert im Inneren herum, aber wir wissen nicht, wie wir sie finden und wieder dort festmachen können, wo sie hingehört.

Wir tragen eine Maske, erschaffen eine Persona.
Wir finden Wege, anderen normal zu erscheinen und sie hinters Licht zu führen, indem wir sie glauben machen, mit uns sei alles in Ordnung. Wir wissen, wie wir dafür sorgen können, dass unser Leben an der Oberfläche gut aussieht. Es kann sogar sein, dass wir anfangen, unseren eigenen Lügen und Täuschungen Glauben zu schenken.

Wir beschämen und beschuldigen andere und weigern uns, die Verantwortung für unsere wunden Punkte zu übernehmen.
Anstatt unsere Scham oder unsere Schuldgefühle wahrzunehmen, projizieren wir sie auf andere. Wir beschuldigen andere, anstatt Verantwortung für unsere Gedanken, Gefühle und Handlungen zu übernehmen.

Wir betrügen uns selbst oder andere.
Wir werden zum Opfer und geben unsere Kraft ab. Oder wir werden zum Täter und versuchen, andere ihrer Kraft zu berauben.

Wie wir heilen und in unsere Kraft kommen

Andererseits kann auch die Geschichte der Heilung und Ermächtigung aufgezeigt werden. Hier sind einige ihrer Schlüsselkomponenten:

Wir gestehen unseren Schmerz ein.
Wir gestehen unsere Angst und unseren Schmerz zunächst uns selbst ein und dann anderen. Wir finden zum Ursprung unseres Leidens. Wir identifizieren unsere Ursprungswunde, unseren zentralen Glaubenssatz und unsere reaktiven Verhaltensmuster.

Wir decken unsere Scham / unser Gefühl der Wertlosigkeit auf.
Wir freunden uns mit dem verletzten *inneren Kind* an. Wir lernen, alles an uns zu lieben und anzunehmen, auch die Bereiche, die uns Angst machen und uns unangenehm sind.

Wir nehmen unsere Masken ab und werden echt.
Wir bringen den Mut auf, ehrlich und authentisch mit uns und anderen zu sein. Wir akzeptieren unsere Menschlichkeit und Unvollkommenheit. Wir erkennen, auf welche Weise wir uns

selbst betrogen haben, und fangen an, unsere Kraft zurückzuerlangen.

Wir übernehmen Verantwortung.
Wir achten auf unsere wunden Punkte und übernehmen Verantwortung für das, was wir denken, fühlen oder tun. So können wir aufhören, zu beschämen und anzuklagen. Das macht uns frei, sodass wir Beziehungen mit anderen aufbauen können, die für beide Seiten befriedigend sind und in denen Grenzen gewürdigt und respektiert werden.

Wir betrachten und behandeln andere als ebenbürtig.
Wir geben unsere Kraft nicht mehr ab, noch versuchen wir, andere zu kontrollieren. Wir kommen in unsere Kraft und unseren Lebenszweck und ermutigen andere, das Gleiche zu tun.

Schreibe folgende Fragen in dein Tagebuch, um die oben beschriebenen Aspekte der Heilung und Ermächtigung zu überprüfen. Wo machst du Fortschritte? Welche Bereiche fallen dir noch schwer?

- ☐ Mir meinen Schmerz einzugestehen
- ☐ Mein Schuldgefühl bzw. meinen Minderwertigkeitskomplex aufzudecken
- ☐ Meine Maske abzunehmen und authentisch zu sein
- ☐ Verantwortung zu übernehmen
- ☐ Andere als ebenbürtig zu betrachten und zu behandeln

Meditation für das *wahre Selbst,* den Wesenskern

Ziel der Meditation

Du verbindest dich mit deinem *wahren Selbst,* dem spirituellen Teil von dir, der unschuldig und unverwundbar ist.

Du öffnest dein Herz, um die Kraft und Gegenwart bedingungsloser Liebe und Akzeptanz zu erfahren und um zu erkennen, dass du die Quelle der Liebe jederzeit aufsuchen kannst, wann immer du es möchtest.

Du lernst, in die Stille zu gehen und dich mit der Liebe als einer energetischen Präsenz in deinem Herzen und in deinem ganzen Körper zu verbinden.

Das Mantra »Liebe ich mich in diesem Moment?« als Werkzeug nutzen, um Liebe fließen zu lassen

Verbinde dich im Laufe der kommenden Woche mit der Gegenwart der Liebe, indem du deine Erfahrungen radikal und bedingungslos akzeptierst – so, wie sie sind – und indem du dankbar für alle Gaben bist, die du empfangen hast. Verzichtest du auf jegliche Schuldzuweisungen oder Verurteilungen dir oder anderen gegenüber, kannst du diese Verbindung zur Liebe den ganzen Tag hindurch aufrechterhalten. Je mehr du im Herzen bleibst, desto intensiver wird die Liebesenergie, und andere können das spüren.

Sobald du dich dabei ertappst, dass du an jemandem etwas auszusetzen hast oder dich bemitleidest, oder wenn irgendeine Angst oder ein Widerstand hochkommt, dann frage dich: *»Liebe ich mich in diesem Moment?«* Benutze diese Frage den ganzen Tag über wie ein Mantra. Falls die Antwort »Nein« ist, erkenne, dass hier Liebe gebraucht wird: Nimm einen tiefen Atemzug und schenke dir ganz bewusst Liebe und Akzeptanz. Falls nötig, schließe deine Augen, atme in dein Herz und verbinde dich mit deinem *innersten Selbst.*

Die Meditationen dieses Buches sind unter www.ferrini.momanda.de als MP3-Datei erhältlich.

Tägliche Meditation

Heute und an jedem anderen Tag dieser Woche solltest du mindestens 15 Minuten in Stille verbringen, um dich mit deinem *innersten Selbst,* deinem Wesenskern, zu verbinden. Vielen fällt es am leichtesten, das gleich morgens nach dem Aufstehen zu tun, bevor sie mit den Anforderungen ihres Berufs- oder Familienlebens konfrontiert werden. Andere wiederum ziehen es vor, sich am Abend dafür Zeit zu nehmen, bevor sie zu Bett gehen. Wähle die Tageszeit, die für dich am besten geeignet ist, und lass diesen Zeitraum deine tägliche Verabredung mit deinem *wahren* und *innersten Selbst* sein. Es ist wichtig, diese Übung jeden Tag um die gleiche Uhrzeit zu machen, weil dir das hilft, sie in deinen Alltag einzubauen. Suche dir einen schönen Platz in deinem Zuhause oder in der

Natur, wo du nicht gestört wirst. Wenn du magst, richte einen schlichten Altar her – mit ein paar Steinen, die du gesammelt hast, oder einer Kerze und ein paar Blumen. Du kannst auch Räucherwerk benutzen, wenn du das magst. Schaffe einen Raum, der sich für dich heilig anfühlt.

Beginne mit einigen tiefen Atemzügen. Atme fünf oder sieben Mal durch die Nase ein und aus, um dich zu entspannen. Beim Einatmen besinne dich auf Folgendes:

»Ich nehme mir diese Zeit, um mich zu sammeln und mich auf der geistigen Ebene mit meinem tiefsten Sein zu verbinden.«

Beim Ausatmen sage dir:

»Ich lasse allen Stress und alle Sorgen los, die zwischen mir und meinem tiefsten inneren Frieden liegen. Ich nähere mich meinem innersten Selbst unbelastet und offen.«

Während du atmest und in deine Mitte kommst, nimm die Wärme und den Frieden deines *wahren* und *innersten Selbst* in deinem physischen Körper wahr. Spüre die Wärme bedingungsloser Liebe und Annahme in deinem Herzzentrum und die Weite, Klarheit und Gnade in deinem Geist. Verweile in diesem Moment im Frieden. Wenn dir Urteile in den Sinn kommen, gestehe sie dir freundlich ein, in dem Wissen, dass du nicht diese Urteile bist. Bleibe in der Energie und im Licht. Halte Zwiesprache mit deinem *innersten Selbst*.
Erinnere dich den ganzen Tag hindurch an die Verbundenheit mit deinem *innersten Selbst* (sooft du kannst). Sobald du ins

Drama des Lebens hineingezogen wirst, halte inne und erinnere dich an diese Verbindung. Dein Wesenskern lebt in dir und durch dich. Du musst dir nur seiner Gegenwart in deinem Herzen bewusst werden.

Die stille Verbundenheit auf den gesamten Tag ausdehnen

Wenn sich diese tägliche Übung festigt, wirst du feststellen, dass du in der Lage bist, die Verbindung mit dem *innersten Selbst* im Laufe des Tages immer wieder herzustellen. Manchmal kannst du dich mit der Energie bedingungsloser Liebe und Akzeptanz schon dadurch verbinden, dass du einfach die Augen schließt und tief atmest, wodurch du dich von der Hektik des Alltags löst und in deinen inneren Frieden und ein Gleichgewicht kommst. Du kannst diesen Vorgang unterstützen, indem du in jeder Stunde des Tages fünf Minuten lang in die Stille gehst. Diese fünf Minuten der Verbindung mit deinem *innersten Selbst* werden zu einem Mini-Retreat, einem kurzen Rückzug von der Welt. Sie halten die Energie der Liebe den ganzen Tag über aufrecht.

Angeleitete Meditation

Sollte es dir schwerfallen, dich mit deinem *innersten Selbst* zu verbinden, kannst du folgende Meditation durchführen, um diese liebevolle Verbundenheit zu erfahren:
Tritt ins Einheitsbewusstsein ein, indem du das Leben vollständig akzeptierst – so, wie es jetzt für dich ist. Um dir dabei zu helfen, in diesen Zustand bedingungsloser Liebe und Annahme zu gelangen, lass folgende Worte auf dich wirken, in denen sich dieses Bewusstsein widerspiegelt:

Ich kann mich selbst so akzeptieren,
wie ich im Augenblick bin.
Ich kann andere so akzeptieren,
wie sie in diesem Augenblick sind.
Ich kann das Leben akzeptieren,
wie es jetzt ist.

Diese Worte sind keine Affirmationen, die man einfach gedankenlos immer wieder aufsagt. Sie sind keine Zauberformeln, sondern Wahrheiten, die eine bestimmte Bewusstseinsebene repräsentieren, auf die du dich einschwingen kannst.
Es ist sinnlos, diese Worte auszusprechen, wenn du ihnen keinen Glauben schenkst. Besinne dich zunächst auf ihren Inhalt, bevor du sie auszusprechen beginnst. Atme mit den Worten. Bewege sie in deinem Herzen und lass sie sich mit deinem jetzigen Bewusstsein verbinden. Wenn du spürst, dass du bereit bist, zu tun, was diese Worte aussagen, dann haben sie eine Bedeutung.
Lass sie also so lange auf dich wirken, bis diese Bereitschaft

aufkommt. Das bedeutet »sich einzuschwingen« oder »mit den Worten in Resonanz zu gehen«. Fahre dann fort:

Ich bin liebenswert
und kann hier und jetzt Liebe annehmen.
Andere sind liebenswert
und können meine Liebe hier und jetzt empfangen.
Die Liebe kann hier und jetzt
in meinem Leben zugegen sein.

Lass diese Worte auf dich wirken und fahre dann fort:

Ich bin der Überbringer der Liebe.
Ohne meine Anwesenheit und meine Bereitschaft,
Liebe durch mich fließen zu lassen,
kann die Liebe nicht existieren.
Ohne meine Präsenz kann Liebe nicht sein.

Halte diese Worte im Bewusstsein, bis sie sich auflösen und nur noch ihre Schwingung zurückbleibt. Dann wirst du eine ekstatische Verbindung zur Liebe erfahren.
Vielleicht hilft es dir, diese Worte aufzuschreiben und im Portemonnaie oder in der Handtasche aufzubewahren. So hast du sie nicht nur in der Viertelstunde deiner formellen Meditation zur Verfügung, sondern kannst sie im Lauf des Tages immer wieder anwenden, wenn du nicht mehr in deiner Mitte bist und dich wieder mit deinem *wahren* und *innersten Selbst* verbinden willst.

Postskriptum

Ich gratuliere dir zur Durcharbeitung des Übungsbuchs! Ich hoffe, diese Übungen haben dein Wachstum und die Transformation deines Bewusstseins gefördert und damit neue Energie in dein Leben gelenkt. Ich würde mich sehr freuen, wenn du mir deine Einsichten und Enthüllungen mitteilst und ich sie mit anderen teilen darf.

Es wäre auch schön, wenn du den nächsten Schritt machen und an einem unserer Workshops oder Retreats teilnehmen würdest. Wir treffen uns z.B. jährlich an Pfingsten in Waldbreitbach im Westerwald. Mein Team und ich setzen uns dafür ein, dir bei der Heilung deiner Wunden beizustehen, damit du in die Fülle deiner Kraft und deines Lebenszwecks gelangen kannst. Unser Programm spiritueller Meisterschaft bietet dir eine wirklich erstaunliche Gemeinschaft, in der du dich geborgen fühlen kannst, um diese tiefgreifende Heilungsarbeit zu tun.

In Deutschland wird meine Arbeit von zertifizierten Lehrern weitergegeben; Infos zu Workshops und Vorträgen findest du auf meiner Website *www.heartwayspress.com* und bei Angelika: *info@angelika-kreuzer-rombach.de*

Wer diesen Lehrstoff meistert, hat auch die Möglichkeit, sich mir bei dieser Arbeit der Liebe, Heilung und Vergebung als zertifizierter Lehrer oder Psychotherapeut oder spiritueller Mentor/Berater anzuschließen.

Weitere Informationen zur beruflichen Ausbildung, zu Workshops, Retreats, Büchern, Hörbüchern oder dem kostenlosen Newsletter:

www.heartwayspress.com oder *www.paulferrini.com*

Kontaktaufnahme per E-Mail: *orders@heartwayspress.com*

Paul Ferrini ist Autor von mehr als vierzig inspirierenden Büchern über Liebe, Heilung und Vergebung. Seine einzigartige Mischung von Spiritualität und Psychologie erstreckt sich von den Weisheitstraditionen des Ostens bis zu denen des Westens und führt uns unmittelbar in eine tiefgreifende Heilung. Seine Bücher wurden in zahlreiche Sprachen übersetzt, seine Arbeit ist weltweit bekannt und geschätzt.

Paul Ferrini ist ein begehrter Redner und Seminarleiter. Seine Vorträge, Seminare und der *Affinity*-Gruppenprozess haben Tausenden von Menschen dabei geholfen, ihre Praxis der Vergebung zu vertiefen und ihr Herz für die göttliche Gegenwart in sich selbst und anderen zu öffnen.

Weitere Bücher von Paul Ferrini im KOHA-Verlag:
»Die Schlüssel zum Königreich. 8 spirituelle Übungen, die dein Leben transformieren« (978-3-86728-227-7)
»Dein Leben heilen. 12 Schritte zur Entfaltung von Liebe, Kraft und Sinnerfüllung« (978-3-86728-233-8)

Wichtige Hinweise

Die im Buch veröffentlichten Empfehlungen wurden von Verfasser und Verlag sorgfältig erarbeitet und geprüft. Eine Garantie kann dennoch nicht übernommen werden. Ebenso ist die Haftung des Verfassers bzw. des Verlages und seiner Beauftragten für Personen-, Sach- und Vermögensschäden ausgeschlossen.

Der leichteren Lesbarkeit zuliebe wurde zumeist auf die Doppelung männlicher und weiblicher Formen nach dem Muster »der ... oder die ...«, »er bzw. sie« usw. verzichtet. Selbstverständlich soll die übliche männliche Form den weiblichen Teil der Bevölkerung umfassen.

Die Meditationen dieses Buches sind unter www.ferrini.momanda.de für 4,99 Euro als MP3-Datei erhältlich.

© KOHA-Verlag GmbH Burgrain
Alle Rechte vorbehalten
2. Auflage 2016

Übersetzung aus dem Englischen:
Philippa Campling

Bildnachweis:
• Shutterstock – Ornament S. 7 u.v.a.; S. 27 • KOHA Verlag – S. 67
• Paul Ferrini, privat: S. 127 • Fotolia – Alle anderen Bilder
• Covergestaltung: Guter Punkt, München, www.guter-punkt.de
• Covermotiv: © Fernando Batista/Shutterstock

Lektorat: Christine Bendner
Layout: Birgit-Inga Weber
Gesamtherstellung: Karin Schnellbach
Druck: Finidr, Tschechien
ISBN 978-3-86728-265-9